GYULA DÉCSY: SPRACHHERKUNFTSFORSCHUNG II

Bibliotheca Nostratica

Editor: Gyula Décsy

Volumen 2:2

Gyula Décsy

Sprachherkunftsforschung

Band II

Semogenese/Paläosemiotik

Eurasian Linguistic Association
Berlin • Bloomington • London • Paris • Toronto
1981

Gyula Décsy

Sprachherkunftsforschung

Band II

Semogenese/Paläosemiotik

Eurasian Linguistic Association
Berlin • Bloomington • London • Paris • Toronto

1981

Kisalföldi nagyasszonykák
emlékének. . .

Die ausschließlichen Auslieferungs- und Verkaufsrechte dieses Bandes
sowie aller Titel der *Bibliotheca Nostratica* liegen bei:
Eurolingua, P.O. Box 101, Bloomington, IN 47402 U.S.A.

ISSN 0342-4871   ISBN 0-931922-06-2

Manufactured in the United States of America

Inhalt

3. Semogenese/Paläosemiotik

3.1. *Vorverständigung über das Thema.* — Die Prinzipien der Evolutionslehre in der Sprachwissenschaft zu befolgen ist schwierig; sie schreiben nämlich vor, Erscheinungen in der Reihenfolge ihrer phaseologischen Stellung zu behandeln. Im I. Band dieser Arbeit sind Laute und Phoneme der Humansprache in ihren angenommenen Entstehungsvorgängen beschrieben worden. Nun ist aber der Laut gewiß jünger als der Begriff, den er bezeichnet. Einen Begriff kann man nicht benennen, eher man ihn nicht hat. Insofern hätte man eine Arbeit über die Herkunft der Sprache nicht mit der Paläophonetik, sondern mit der Paläosemiotik beginnen müssen. Freilich ist in der Grammatik einer modernen Sprache alles gleichermaßen wichtig, und müßte *alles* bei dem Beginn auf einmal beschrieben werden. Da dies nicht möglich ist, müssen gewisse Teile früher als andere behandelt werden. Die Behandlungs*folge* bedeutet jedoch nur einen technischen Zwang, der keine entwicklungsgeschichtliche Wertsetzung zugeschrieben werden darf. Seit Dionysios Thrax (vgl. Uhlig 1883) ist es eine Konvention, Phonetik als den Anfangsteil und Grammatik/Semiotik als den zweiten Teil der Sprachbeschreibung vorzulegen. Strukturell ist das gewiß richtig, die traditionelle Ordnung hat also nicht nur einen konventionellen, sondern auch einen in der Systematik liegenden Grund: bestehen doch die Wörter und die grammatischen Elemente aus Lauten und Lautsequenzen. Laut und Lautsequenz sind jedoch nur didaktisch und nicht entwicklungsgeschichtlich primär. Das echte Problem der Sprachherkunftsforschung ist nicht der Laut, sondern der Begriff, den der Laut oder die Lautsequenz bezeichnet. Wichtige Arbeiten zur Sprachherkunftsforschung (Révész 1946, Höpp 1970, Rosenkranz 1971) enthalten kaum Erörterungen über Lautfolgen und ihr Verhältnis zueinander in den rund dreitausend Sprachen der Erde. Ihr Hauptanliegen ist der Begriff und seine Entstehung in den prägrammatischen/vorlautsprachlichen Zeiten der Humanentwicklung.

3.1.1 *Massenentfaltung der Lautsequenz.* — "Einzelne Laute—mitunter auch klangfarbträchtige—können auch von Tieren erzeugt werden: Lautsequenzen hat dagegen nur der Mensch systematisch aufgebaut" (2.3, Band 1.74). Diese Feststellung bedarf aufgrund neuerer Forschung weiterer Einschränkung. Lautsequenzen mit erkennbarer Semantik gibt es in großer Anzahl auch in der Tierwelt (Busnel 1977, Smith 1977). Human ist also nicht die Lautsequenz selber, sondern ihre *Massenentfaltung.* Dies ist in meiner Formulierung von 1977 mit dem Ausdruck "systematisch aufgebaut" nicht deutlich genug ausgesprochen. Heute wissen wir, daß der Gesang der Vögel und die Lautprodukte anderer Tierarten konventionelle Signalwerte vertreten, die teilweise motiviert und intentionell sind. Vögel haben sog. "patterned countersingings" (Smith 1977.568); sie signalisieren also nicht nur durch Haltung, Bewegung oder Mimik, sondern auch durch "nonbehavioral" Informationsvermittlung im Rahmen eines Lautsequenzaustausches. Überraschend ist hierbei, daß in der Kommunikation mit Weibchen die Männchen besondere Lautsequenzen verwenden können (Hartshorne 1973.26). Hierin (tief in der Tierwelt) können wir den Beginn einer Tendenz zur Grammatisierung des Geschlechts erblicken, die vielfach zu Sonderformen in der Kommunikation mit Frauen führte (3.5.6). Wie so viele Erscheinungen der Humansprache, ist also auch die Kategorie des grammatischen Geschlechts biologisch verankert und in Rudimenten auch schon in der Tierwelt vorhanden.

3.1.2 *Greiffilter.* — Den Ausdruck entnehme ich dem Buch von Zundel 1979.18 und 208 (bei ihm Begreiffilter). Unsere Sinnesorgane nehmen nur einen Ausschnitt dessen wahr, was um uns besteht. Der Tastsinn und Geschmackssinn funktionieren ausschließlich im körperlichen Nahbereich (bei unmittelbarem Kontakt), Geruchssinn, Sehvermögen und Gehör lediglich innerhalb einer bestimmten Entfernung. Hinzu kommen die Wahrnehmungsschwellen, die Reize nur relativ grober Frequenzbereiche in die Augen oder in das Ohr leiten. Wir riechen, sehen und hören nur einen *geringen* Teil dessen, was an Geruch, optischen oder akustischen Reizen in unserer Umgebung vorhanden ist (Lorenz 1966.2.272, Einzelheiten im Band I., passim). Dies wird, im Vergleich zu den tierischen Fähigkeiten (die ja "umfassender" sein können) als ein Negativum empfunden. In der Tat ist aber das humane Greiffilter *die* Einrichtung, die die geistige Konzentration ermöglicht. Wären wir zuviel mit unwesentlichen "unter"- oder "ultra"- schwelligen Geruchs-, Sicht- oder Hörzeichen beschäftigt, könnten wir uns nicht auf das Wichtige in unserer Umwelt konzentrieren. Das Greiffilter, das eine ausgewogene und geordnete Wahrnehmung ermöglicht, ist demnach als ein Positivum der Spezies Mensch zu bewerten; es schränkt übrigens nicht nur den biologischen Wahrnehmungsorganismus ein, sondern auch die hochentwickelte Denktätigkeit. Unsere Sprachen besitzen zumindest anderthalbmillionen Lexeme (Begriff:3.5.7), wovon wir jedoch im Gedächtnis in der Regel kaum mehr als einige Tausende abrufbereit halten. Eine wahllose Kenntnisnahme unter- und überschwelliger Reize würde unseren Organismus ungebührlich belasten und die bei der geistigen Entwicklung erforderlichen Konzentration auf das Relevante unterbinden.

3.1.3 *Technisch-Wissenschaftlich* vs. *Naiv-Populär.* — Die technisch-wissenschaftliche Welt stellt den Menschen vor andere Aufgaben als die "überkommene", die aus der Sicht der ersteren als Naiv-Populär bezeichnet werden kann. Trotz Telekommunikation, Flugzeug und Computer ist die Semantik unserer althergebrachten Begriffe äußerst primitiv. Wir sagen auch noch heute *Sonnenaufgang* und *Sonnenuntergang,* obwohl es seit Kopernikus, Kepler und Galilei gilt, daß nicht die Sonne um die Erde kreist, sondern umgekehrt. Unser Ausdruck ist also noch ptolemäisch und beinhaltet eine Ablehnung des kopernikanischen Weltbildes, das heute sogar schon von den Kirchen anerkannt wird. Wenn wir uns mit der Sprachentstehung oder Begriffsentstehung befassen, stoßen wir auf Schritt und Tritt auf solche naiv-populären Bedeutungen; sie gelten technisch-wissenschaftlich als überholt, sie halten sich jedoch hartnäckig in unserem Ausdrucksvorrat und sind semantisch nicht revidierbar. Für die Zeiten der Sprachentstehung müssen wir mit einer großen Anzahl derartiger Vorstellungen rechnen. Statt Sonnenaufgang müßten wir heute eigentlich *Einpendeln der Erde in den Strahlungsbereich der Sonne* sagen, das ist nämlich der technisch-wissenschaftliche Inhalt des Wortes. Derartige Anpassungen sind jedoch in der Alltagssprache undurchführbar. Wir finden uns mit der Tatsache ab, daß sich die Bedeutung, die dem Ausdruck zugrunde liegt, mit dem technisch-wissenschaftlichen Entwicklungsergebnis nicht deckt. Sonnenaufgang ist eben Sonnenaufgang, nicht nur für Laien, sondern auch für die Astronomen.

3.1.4 *Frequenz* vs. *Peripherie, Grammatik* vs. *Lexemik.* — Unser Ausgangspunkt wird hier sein, daß die Lexeme (Begriff: 3.6) älter sind als die grammatischen Formenelemente (Grammeme). Die letzteren entstanden aus den ersteren, und zwar so, daß häufig benutzte Vollexeme ihre ursprüngliche Bedeutung einbüßten und Regelweisungen geworden sind (Ludwigs Adaptationstheorie, s. 3.6). Freilich konnte eine solche Entwicklung erst dann stattfinden, als Vollexeme schon lange Zeit zur Verfügung standen und in einer regen Kommunikation verwendet wurden. Wir nehmen an, daß *gehen/stehen* ein sehr alter Begriff ist, man kann ihn Paläoleitsemem nennen (3.4.3). Nicht so alt, aber dennoch sehr früh entstanden ist auch das Personalpronomen, das irgendwie aus einem Namen entstanden sein muß (3.5.3, 3.5.6). In einem späten Stadium der Sprachentwicklung begann man die beiden Begriffe, die ja in den verschiedenen Klanen durch unterschiedliche Lautsequenzen bezeichnet wurden, miteinander zu verbinden. Dies war der Anfang der Syntagmatisierung, die dann auf lexikalischer Linie zu Kompositionen, und dies wiederum zu Grammatisierungen führte. Die Motivation des Vorganges war, daß *ich/du* oder *du/er* (*ich/er*) häufiger verwendet wurden als *gehen, stehen, wachsein* oder *schlafen.* Es entstanden solche Reihen wie

* gehe ich	* schlafe ich	* wachsein ich
* gehe du	* schlafe du	* wachsein du
* gehe er	* schlafe er	* wachsein er

Das Vorderglied des Kompositums konnte unendlich variiert werden, das Hinterglied blieb jedoch in den möglichen Horizontalreihen stets unverändert: *gehe* ich, *schlafe* ich, *wachsein* ich, *stehe* ich, *esse* ich, *trinke* ich, *stehe* ich, *schwimme* ich, *liege* ich. Dies ist auf die Dauer langweilig, und man begann *ich* zu "verschlucken" etwa: *gehech, schlafech* usw. Die hohe Frequenz führt also zur Nachlässigkeit in der Aussprache (casual speech) und zur Grammatisierung. Dies geschieht aus ökonomischen Gründen. Häufig verwendete Wörter und grammatische Elemente sind erfahrungsgemäß kurz (einsilbig) auch in Sprachen, die längere (grundsätzlich zwei- oder mehrsilbige) Wörter haben. Finnisch ist z.B. eine typisch nichtmonosyllabische Sprache; seine 50 einsilbige Wörter rangieren an der Spitze der Häufigkeitsindizes (Hakulinen 1957.13); es gehören dazu *me* 'wir', *te* 'ihr' (Pers. Pron. 2. Person), *hän* 'er/sie/es', *se* 'das', *ne* 'sie' (Dem. Pr. Pl. Nom.). Es gibt Sprachen, die eine besondere Prädikativitätsflexion besitzen, eine Erscheinung, die für Studenten westeuropäischer Sprachen als eine unverständliche grammatische Formenserie erscheint (vgl. hierzu das Jurakische, Décsy 1965.1.29 und 1970). Indem ist die Sache sehr einfach und kann leicht als theoretische Möglichkeit auch für Deutsch in Frage kommen. Stellen wir uns vor, daß die Sätze

           ich bin ein Lehrer   usw.

als abhängige (untergeordnete) Nebensätze häufig verwendet werden sollten. Wir würden dabei die folgenden Serien erhalten:

        ...(daß) ich ein Lehrer bin
        ...(daß) du ein Lehrer bist
        ...(daß) er ein Lehrer ist   usw.

Nach einer gewissen Zeit würde sich das Existenzverb enklitisch an das Nomen *Lehrer* anlehnen und zum "Prädikatssuffix" werden: (etwa)

        Lehrer*n*   (<Lehrer + bi*n*)
        Lehrer*st*   (<Lehrer + bis*t*)
        Lehrer*t*   (<Lehrer + is*t*)   usw.

Es wäre annähernd so flektiert wie geh*st*, geh*t* usw. Voraussetzung einer solchen Entwicklung ist, daß Lehrer (Nomen) und Personalpronomen häufig oder stets in der selben Wortordnung vorkommen, was im Jurakischen (Prädikat stets am Wortende) der Fall ist, im Deutsch dagegen nicht, weil das Personalpronomen in dieser Sprache oft auch *vor* dem Nomen auftritt: Er *ist* ein Lehrer. Mit diesen Bemerkungen wollten wir nur darauf hinweisen, daß die Frequenz der Ausgangspunkt der Grammatisierung (Grammemerzeugung) ist.

3.1.5 *Analytisch* v. *Synthetisch*. — Die alte Strukturtypen—seit A.W. Schlegel (1767-1845) gang und gäbe in der Linguistik—lassen sich aufgrund des Frequenzfaktors (3.1.4) leicht verstehen und als strukturelle oder phaseologische Unterschiede im Sprachbau erklären. Bekanntlich sind die flektierenden Sprachen entweder analytisch (das Haus des Vaters) oder synthetisch (Vaters Haus), je nach, ob sie einen Begriff der sog. Tiefenstruktur (3.1.8) durch mehrere Wörter (also analytisch) oder synthetisch (durch ein einziges, in der Regel flektiertes) Wort ausdrücken. Heute gibt es Sprachen, die beinahe völlig analytisch sind (so z.B. Chinesisch, Englisch), rein synthetische Sprachen gibt es dagegen nicht. Auch solche stark synthetischen Sprachen wie Ungarisch, Finnisch, Sanskrit, Latein, Jurakisch usw. besitzen eine große Anzahl analytischer Formen. Dies und zahlreiche andere Beobachtungen führen zur Annahme, daß die ursprüngliche Ausdrucksweise des Menschen überall analytisch war; die Erzeugung der Suffixe (sowohl der grammatischen Formenelemente als auch der Derivationssuffixe) erfolgte durch die Zusammensetzung zweier Vollexeme, von denen das häufiger benutzte (hochfrequenzige) dann mit der Zeit seine vollexikalische Bedeutung einbüßte und (grammatisches oder derivationales) Formenelement (Regelfaktor) geworden ist. Das künftige Suffix stand auch schon in der Anfangsphase der Entwicklung in untergeordnetem Verhältnis zum Vollexem. Wenn wir also eine entwicklungsgeschichtliche Reihe der Srukturtypen zeichnen wollen, dann können wir behaupten:

Anfangs gab es nur analytische Typen, vertreten durch die Zusammenfügung von Vollexem and Vollexem.

Darauf folgte die Synthese, vertreten durch Vollexem und Formen-element (Regelfaktor). Die Synthese ist durch zwei Unterabteilungen vertreten:
   agglutinierend, bei dem die (ursprünglichen) Unterschiede phone-tisch und/oder semantisch noch erkennbar sind (uralische und altaische Sprachen), und
   flektierend, in denen diese nicht mehr transparent sind (indo-germanische Sprachen)

Die Terminologie ist nicht konsequent (Knobloch 118, Velten 1935). Generell können wir aber behaupten, daß die flektierenden Sprachen (Indogermanisch) älter sind oder ein beschleunigteres Entwicklungstempo hinter sich haben als die agglutinierenden. Es gibt jedoch lediglich strukturelle (bzw. phaseo-logische) Unterschiede zwischen agglutinierenden und flektierenden Sprachen.
   Der Budapester Linguist J. Balázs schlug in Anlehnung an Bopp, Bühler und Slotty vor, zwischen *Nenn*wörtern und *Zeig*wörtern zu unterscheiden, wobei letztere die Pronomina und älteste Lokaladverbien umfassen. Für die Grammentstehung würden sich dann die folgenden Kombinationsmöglich-keiten ergeben:

Pronomen + Pronomen
Vollexem + Pronomen
Pronomen + Vollexem
Vollexem + Vollexem

In einer Besprechung des Buches von Balázs (UAJb 46.161, 1974) habe ich dieser Theorie beigepflichtet in dem Sinne, daß ich eine absolute chronologische Priorität der Zeigwörter (vor allem der Personalpronomina und Demonstrativa) vor den Nennwörtern annahm (das besprochene Buch: Balázs 1973). Ich möchte jetzt von dieser Auffassung abrücken. Weiter unten wird begründet, daß die Pronomina eine Subgruppe der Nomina bilden, die allerdings in den Urzeiten schon sich durch sehr hohe Frequenz auszeichneten. *Ursprünglich* sind jedoch die Nennwörter, die in der Anfangszeit sich noch nicht in Wortkategorien wie Nomen/Verb unterteilen lassen, sondern sowohl semantisch als auch formal ungeschieden eine Urwortartkategorie bilden (3.5.1). Aus dem Kontinuum der Urwortart, die im wesentlichen mehr nominal-verbale Charakteristika als pronominale hatte, sonderten sich dann die Pronomina nicht so sehr semantisch, sondern vielmehr durch ihre hohe Benutzungshäufigkeit (Frequenz) aus. Ob die ältesten Lexemkombinationen erst in der Pronominalepoche oder schon in der Zeit der ungeteilten Vollexemherrschaft entstanden, läßt sich nicht entscheiden. Da jedoch die Pronomina aus Vollexemen entstanden sein müssen, ergibt sich

Vollexem　　+　　Vollexem

als die älteste Form der Wortkomposition. Die Pronomina sind erst später zu einem Kombinationsfaktor geworden.

3.1.6 *Emotiv* vs. *Räsonierend, Mythisch* vs. *Rationell.* — In der amerikanischen Verhaltensforschung spielt die Gegenüberstellung emotiv/räsonierend (emotive/reasoning) in den letzten Jahren eine besondere Rolle. Im Hintergrund des ungewöhnlichen Interesses stehen die seit längerer Zeit bekannten Ergebnisse der Neurotopologie, nach denen das Humangehirn bilateral aufgebaut ist, wobei die dominierende Hälfte (in der Regel die linke) räsonierende-intellektuelle, die andere (gewöhnlich die rechte) Hemisphäre dagegen emotionelle Obliegenheiten wahrnimmt. Auf diese neurotopographisch ohne Zweifel richtige Feststellung sind umfassende Theorien über das *Zweikammergehirn* als eine spezielle Quelle der Humanintelligenz gebaut worden (Jaynes 1976). Die entsprechenden anatomischen Fakten, die für die Sprachherkunftsforschung von Belang sind, habe ich im I. Band dieses Buches zusammengestellt (1.2.5, S. 20-25). Sowohl Linguisten als auch wissenschaftspopularisierende Schriftsteller gehen davon aus, daß der Humanintellekt ursprünglich einseitig emotionell veranlagt war. Räsonierung und damit Logik soll als Folge der Teilung der Gehirnfunktionen links/rechts zustande gekommen sein, und zwar so, daß die emotiven Fähigkeiten nach und nach zurückgedrängt und auf die weniger entwickelte (rechte) Hemisphäre beschränkt wurden; zugleich entwickelte sich die andere (linke) Hirnhälfte beschleunigt zum Zentrum des räsonierenden Denkens und der Sprache, wobei die Rechtshändigkeit kontralateral den *un*emotionellen Intelligenzaufbau dort einseitig förderte. Der Ursprung der humanen Intelligenz ließe sich demnach im "breakdown" des symmetrischen Humangehirns in funktionelle Unilateralisiertheit finden. Die rechte Hand des *Homo faber* erzeugte die erforderlichen nervlichen Veränderungen in der kontralateralen linken Hirnhälfte, die dann eine Prädominanz des Räsonierens und Zurückverdrängung des Emotiven verursachte. Diese modische Erklärung fasziniert vor allem durch ihre Simplizität. Sie lehnt sich zugleich an eine bekannte These der griechischen Philologie an, vertreten vor allem durch Bruno Snell (geb. 1896), daß das Rationale sich vom Homer an bis zum Ende der hellenistischen Zeit—im wesentlichen vom 6. Jh. v.Chr. bis zum 3. Jh. n.Chr.—durch langsame *Ent*mythologisierung ursprünglich religiöser Begriffe herausbildete (Snell 1975). Emotiv ist, genauso wie Instinktiv, eine Opposition des Rationalen. Das ist wahrscheinlich der Grund, warum man Emotion und Instinktmäßiges miteinander gleichstellt. Indes besteht zwischen den beiden ein großer Unterschied. Das Tier handelt instinktiv, aber nicht emotionell. Auch die Instinkthandlungen des Menschen erscheinen uns mehr rational als emotiv. Wir könnten daher davon ausgehen, daß der angehende Mensch—ähnlich dem Tier—in seinen instinktiven Verhaltensweisen schon ein hohes Maß an Vernünftigem, an quasi-Rationalem verwirklichte. Dieser instinktive *Ur*rationalismus wurde durch das Emotive niemals ab- oder überdeckt, der Mensch war in keinem seiner stammesgeschichtlichen Entwicklungsstadien einseitig emotionell-unbedacht. Eben Bruno Snell hat nachgewiesen, daß diejenigen Begriffe im Griechischen, die von Homer an "*ent*mythologisiert" worden sind, in einer noch früheren Epoche sehr anschauliche Sachen oder Tätigkeiten bedeuteten (Snell 1962, insbesondere S. 41 ff.). Das Unendliche war ursprünglich 'Grenzenlos', das Wissen 'Gesehen haben', das Erkennen 'sinnliche Wahrnehmung durch das Auge'. Dies gilt nicht nur für das geistig hochentwickelte Griechisch, sondern auch für solche "primitiven" Idiome wie Wogulisch oder Ostjakisch (vgl. Kovács 1957), oder auch für solche modernen Sprachen wie Deutsch: Ausdrücke wie Denken, Wissen, Erfahren usw. sind sämtlich aus anschaulichen Begriffen entstanden, die mit 'sehen' oder 'sich bewegen' usw. zusammenhängen, wie es jedem etymologischen Wörterbuch zu entnehmen ist. Dies und ähnliches sprechen dafür, daß dem als "emotiv" eingestuften mythologischen Entwicklungsstadium bei dem Menschen eine noch ältere Epoche vorausgehen mußte, in der die Begriffs- und Wortproduktion stark konkret-anschaulich war. Es ist hinreichend bekannt, daß die Mythologien sog. "primitiver Völker" unkompliziert und anschaulich sind. Liebe bedeutet auch in solchen hochentwickelten Sprachen wie Sanskrit, Japanisch, Chinesisch lediglich körperliche Vereinigung zwischen Mann und Frau. Es gibt Ansichten, nach denen die psychologisch wirksame emotionelle Projektionsfähigkeit lediglich eine europäische Erfindung sei, die erst im Mittelalter in der höfischen Kultur des Kontinents aufkam (Rougemont 1966). Der unruhige Findergeist Europas und seiner Völker dürfte in emotionellen Befruchtungen rationeller Geistesvorgänge liegen. In der Tat kann die nichtdominante Hirnhälfte des Menschen, die ästhetische und musische Obliegenheiten wahrnimmt, die Arbeit der ''räsonierenden'' Hemisphäre anregen und aktivieren (die beiden Teile sind miteinander durch das stammesgeschichtlich junge Corpus callosum auch nervlich eng verbunden, Sagan 1979.185). Trotz der außerordentlichen Bedeutung des Emotiven in der Entstehung einer in Europa verwurzelten Zivilisation müssen wir an der These festhalten, daß der Mensch seinem Wesen nach im Grundverhalten rationell war, ist und bleibt. Das Emotive und Mythische ist lediglich eine nebensächliche Hilfsquelle seiner Intelligenz. Nicht zu vergessen ist auch, daß sowohl das Räsonieren als auch das Emotive im *Cortex* verdrahtet sind und daher phylogenetisch jung sein müssen. Es scheint, daß das ''Zweikammermodell'' des Gehirns, das in den 70er Jahren noch als eine sensationelle Entdeckung galt, nunmehr durch ein stärker entwicklungs-geschichtlich bezogenes Funktionsmuster ersetzt wird, bei dem drei sowohl phylo- als auch ontogenetisch klar trennbare Phaseneinheiten in der Hirnstruktur des Menschen unterschieden werden:

> *R*-Komplex: nach *R*(eptilien)hirn, der älteste und mit dem Rückenmark direkt zusammenhängende Teil im Zentrum des Schedels, von Paul MacLean als ''Nervenfahrgestell'' (neural chassis) bezeichnet. Verantwortlich für Selbsterhaltung (Blutkreis-lauf, Atmung). Sitz der Aggressionsbegehren.

> *L*-Komplex: nach *L*(imbic), eine Säugetier-Innovation um den Schedelteil des *R*-Hirns, benannt im Jahre 1878 von Broca (frz. *limbique* aus lat. *limbus* 'Saum, Besatz am Kleid'). Funktionen: Instinktemotionen, Arterhaltung, Mutterliebe (paternal care), Ge-ruchssinn.

> *C*-Komplex: nach *C*(ortex), genannt auch Neocortex und Neopallium usw. (Band I, 21). In vollständiger Entwicklung nurhuman. Humanemotionen, Räsonieren. Umfaßt 85% des Gehirns (Sagan 1979.61).

Zu Einzelheiten s. Sagan 1979.60-79, Long 1980. Humanemotionen und Räsonieren sind im Cortex verdrahtet, ein harmonisches Zusammenwirken zwischen den beiden zuständigen Hemisphären (*links/räsonierend* vs.

rechts/emotiv) wird durch das Verbindungsglied Corpus callosum gesichert. *R* und *L* sind subcortical, *C* ist cortical und in vollständiger Entwicklung nurhuman. Von den Zeichenarten, die weiter unten aufgelistet sind (3.3), gehören Takteme der *R*-, Pheromeme der *L*- und alle anderen der *C*-Phase der Hirnentwicklung an.

3.1.7 *Konkret* vs. *Abstrakt.* — Konkret ist anschaulich, Abstrakt schwer durchsichtig und erklärungsbedürftig. Im übrigen ist es schwierig, eine Trennlinie zwischen den beiden Begriffen zu ziehen. Die entsprechenden Einstufungen sind relativ, von Zeit zu Zeit und von Fall zu Fall unterschiedlich, oft nur im Kontext durchführbar. Die Personalpronomina sind z.B. sehr alt (3.5.3), Begriffe wie *ich* und *du* würde man heute auf jeden Fall als konkret ansehen. Für den angehenden Menschen waren sie jedoch gewaltige Abstraktionen: das sind sie auch für die moderne Philosophie und Tiefenpsychologie, die mit dem Problem des *Ich* offenbar nicht fertig werden können (vgl. wenigstens Liebrucks 1964.441). Andererseits ist der Atomkern als Begriff für jeden Laien eine Abstraktion; er ist jedoch anschaulich für den Physiker, der ihn im Vorlesungssaal mit wenigen Kreidestrichen an die Tafel zeichnen kann. In Anlehnung an eine Sentenz von Robert Austerlitz, die er für die Charakterisierung der Repetition vorlegte (Austerlitz 1980), können wir behaupten, daß im Leben alles zu gleicher Zeit konkret und abstrakt sein kann. Diese paradoxe Opposition ist nicht so sehr für die Grammatik, als vielmehr für die Didaktik von Belang. Beim Anfang der Sprachentstehung war für den Menschen alles konkret und anschaulich: die Sammlung der ersten Erfahrungen ist nur aufgrund konkreter Beobachtungen (Empirie) möglich. Das Abstrakte beginnt dort, wo man das Konkret-Einzelne zum Klassenbegriff erhebt. *Der* einzelne Schreibtisch im Arbeitszimmer ist konkret-individuell und determiniert; *Tisch* als Klassenbegriff, der alle Tische auf der Erde umfaßt, auch diejenigen, die wir nicht sehen und niemals zu sehen bekommen, ist eine Abstraktion. Alles ist Abstraktion, wessen Existenz wir voraussetzen, obwohl wir es nicht innerhalb unseres Wahrnehmungskreises haben. Diese etwas müßigen Ausführungen sind für uns hier darum wichtig, weil das Zeichensystem der Sprache in jeder seiner Realisierungsformen zugleich konkret und abstrakt ist. Die ersten Lautsprachzeichen des Menschen beruhten gewiß auf konkreten Beobachtungen; sie wurden dann ''abstrakt'', benötigten für die Lagerung im Gedächtnis eine Einbildungskraft. Bei dem Abruf müssen sie jedoch wieder ïrgendwie konkretisiert werden. Wenn ich den *Tisch* als Klassenbegriff abrufe, wird die Vorstellung stets irgendetwas mit dem konkreten Einzelobjekt zu tun haben, das man als kleines Kind im Elternhaus erstmalig gesehen und im Gedächtnis eingraviert hat. Kulturproduktion ist Abstraktion, man trennt die konkrete Erfahrung von der Wirklichkeit ab und erhebt sie zum Zeichen eines Klassenbegriffes; sie ist in dieser Form für den uneingeweihten Gesprächspartner undurchsichtig, unverständlich. Wenn wir sie beim Gespräch "rekonkretisieren," "reterminieren," machen wir sie transparent für den anderen. Das ist der Lernprozeß: eine didaktische Angelegenheit, Grundform der Verbreitung von Wissen. Man vermittelt hierbei nicht nur die Kenntnis der Sprache, sondern auch das, was die Wörter der Sprache bedeuten. Die Kommunikation ist demnach eine ständige Dialektik zwischen Konkret und Abstrakt, der wir unterworfen sind, ohne es zu wissen. Wir kehren jedoch mit jedem Wort, das wir aussprechen, von der "opaken" Esoterik der Abstraktion zu dem konkreten Einzelfall des Anschaulichen zurück. Hierbei darf nur ein vertretbar angemessenes Maß an Abstraktion im Spiele sein; nimmt die Abstraktion überhand, oder wird sie gar Selbstzweck, leidet darunter die Kommunikation. Für unsere Computer existieren keine Abstraktionen: sie verstehen nur das simple Konkrete. Konkret ist auch in der lebenden Humansprache primär: wenn wir mit dem "bestimmten" Artikel determinieren, haben wir unbewußt jenen anschaulichen Gegenstand vor uns, den wir als kleine Kinder in unserem Gedächtnis eingraviert haben. Die frühesten oder die nachhaltigsten (Erst-)Eingravierungen des Konkreten bestimmen die Klasse in unserem Bewußtsein fürs ganze Leben. Das Erinnerungsbild an das Konkrete ist dominanter in unserem Gedächtnis als der Bezug auf das Abstrakte. Die im Konkreten festgedrahteten Eingravierungen (Bits, s. Band 1.25) sind in unserem Gehirn durch ein Netz von Assoziationen miteinander verbunden, die semantisch oder lautsequenzmäßig sein können (Wundt 1921.419). Ausschlaggebender und älter sind dabei die s e m a n t i s c h e n Querverbindungen: *Schiff* erinnert uns an *Boot*, und nicht an *schief* oder *Schaf*. Über Lagerungs- und Abrufungstechnik der Bits in unserem Gehirn konnte auch während der vergangenen fünf Jahre nichts wesentlich neues festgestellt werden (vgl. Band 1.25). Hierbei geht es um "mikrokosmische" elektrische Aktivitäten, die weder durch radioaktive Isotope (Lassen 1978), noch eine verfeinerte herkömmliche Elektroencephalographie (Strong 1979) erfaßt werden können. Neue Erkenntnisse dürfte man von der dreidimensionalen Röntgentechnik der Mayo-Klinik (Rochester, Minnesota) und der Computerkopiezeichnungen der Washington University (St. Louis, Missouri) erwarten, die erst Ende 1980 für diagnostische Zwecke angewendet worden sind (vgl. auch Panati 1980). Vielleicht besteht die Möglichkeit, sie auch für linguistische Grundlagenforschung in Anspruch zu nehmen.

3.1.8 *Begriffsdruck und Tiefenstruktur.* — Die allgemeine Kausalitätsbezogenheit unserer modernen Welt führte dazu, daß man in der Sprachherkunftsforschung sich nicht so sehr mit der Sprachentstehung selber, sondern mit ihren Ursachen befaßte (Wundt 1922.636 ff; s. hierzu Décsy 1973.4). Gewiß hat der Mensch bei der Lautsprachentstehung besonders eindrucksvolle Tierschallprodukte (Gesang der Vögel) oder Naturlautgeräusche nachgeahmt (so Wundt a.a.O.), dies war aber eher schon die Folge als Ursache des Sprechens. Wenn wir nach dem Grund suchen, warum der Mensch zu sprechen begann, müssen wir auf der Linie der nervlich-biologischen und sozialen Zusammenhänge annehmbares finden. Die Ethologie weist im tierischen Verhalten immer mehr solche Züge auf, die kommunikationstechnisch bisher nur der Humansprache zugeschrieben wurden. Eibl-Eibesfeldt war Ende der 60er Jahre noch der Ansicht, daß "fast alle Lautäußerungen der Tiere Interjektionen sind" (Eibl-Eibesfeldt 1967.446, dort weitere Hinweise). Eine Interjektion ist nach der allgemeinen Auffassung ein Kausalwort, bei dem eine direkte Verbindung zwischen Begriff und Lautsequenz besteht (ausführlicher weiter unten 3.2 und 3.5.1). Die überwiegende Mehrheit der Lautsequenzen der Sprachen der Erde ist jedoch arbiträr (3.2), nur ein verschwindend kleiner Teil davon kann als kausal gedeutet werden. Man war bisher der Ansicht, daß die arbiträren Lautsequenzen der Humansprache durch einen "Arbiträrisierungsvorgang" aus Kausalwörtern (also Interjektionen) entstanden wären (so noch Décsy 1973.4). Diese These ist durch die Beobachtung widerlegt, daß die Kommunikationssignale der Tiere (sowohl die behavioralen als auch die lautsequenzmäßigen) vorzugsweise arbiträr sind (Marler 1977.51). Wenn nun auch schon die Tiere arbiträre Signale haben, dann kann die willkürliche-unmotivierte Verbindung zwischen Begriff und Lautsequenz nicht als eine Erfindung des Menschen gelten. Dies beinhaltet, daß es in der Tierwelt, ob instinktiv oder bewußt, Begriffe (Sememe) geben muß. Eine sog. Begriffs-akkumulation muß also auf der Linie der Humanentwicklung des Menschen schon subhuman stattgefunden haben ("Increase of Information": Wilson 1975.185). Eine Massenentfaltung des Begriffsvorrates, die wohl soziale Gründe haben muß, förderte dann die entsprechenden Entwicklungsansätze im Nervensystem. Es entstand ein sog. *Begriffsdruck* (ähnlich dem Selektions-druck), der den Menschen zwang, für die vorhandenen Begriffe Zeichen zu finden. Vorerst vielleicht nur Bewegungszeichen (Gebärdekommunikation, behavioral displays), mit der Zeit aber dann Laute und Lautsequenzen. Hier schaltete sich als Förderfaktor sehr früh der Instinkt des *homo ludens* (der Spieltrieb des Menschen) ein, der an der Wortesfindung und der Verbreitung der immer neueren und neueren Lautsequenzen Vergnügen fand (s. Décsy 1973.4-6). Unter der Beachtung dieser Faktoren brauchen wir für die Erzeugung der ältesten Lautzeichen keine sehr lange Epoche anzusetzen. Daß diese Technik eine Innovation der Jungpaläolithiker zwischen 40 000 und 30 000 v. Chr. war, kann heute kaum mehr angezweifelt werden (Band 1.41). Der Neandertaler konnte bekanntlich noch keine artikulierten Laute sprechen (Lieberman 1977.9 ff.). Die Jungpaläolithiker eroberten die Alte und Neue Welt dank ihrer Sprechfähigkeit. Hinter dieser Entwicklung muß ein biologisch-nervlich und sozial verankerter *Begriffsdruck* gestanden haben (vgl. auch 3.3.4). Wenn wir jedoch mit Begriffen operieren, die in der vorlaut-sequentiellen Zeit vorhanden sein können, dann müssen wir mit ihrer Existenz auch bei den Tieren rechnen (Wilson 1975.184-185). Die Lagerstätte der Begriffe (Sememe), die auch ohne Lautsequenz existieren, ist die sog. *Tiefenstruktur*: im biologischen Sinne das Gehirn und das Nervensystem (Band 1.20-25). Ob die darin vorhandenen Eingravierungen durch irgendwelche Ikonzeichen (3.2) oder konventionelle Lautäußerungen an die *Oberfläche* gelangen und Mitteilung (Botschaft, Message) werden, ist eine zweitrangige Frage. Allerdings ist eine Kommunikation nur an der Oberfläche möglich; die lautsequentielle Seite der Sprache ist eine ausschließliche Kompetenzordnung der Oberfläche. In diesem Sinne sind die Oppositionen Tiefenstruktur/Oberflächenstruktur der modernen formalistischen Linguistik sehr nützlich. Allerdings ist es sehr gewagt, aufgrund einer lautsequentiellen Oberflächenstruktur die Tiefenstruktur der Begriffswelt erschließen zu wollen. Die beiden Ebenen sind niemals deckungsgleich. Aufgrund der Lautsprache (Phonetik oder Grammatik) die Begriffswelt des Menschen erschließen zu wollen, ist ein hoffnungsloses Unterfangen. Was wir in der Tiefenstruktur lagern, ist gewiß das mehrfache dessen, was die unvollkommene Dienerin Lautsprache an der Oberfläche widerspiegelt. Die Tiefenstruktur, die grundsätzlich mit der Semiotik/Semantik gleichgestellt werden kann, ist in allen Sprachen der Erde unterschiedslos identisch, und sie besitzt eine größere Anzahl Antezedenzen in den subhumanen Spezies als die lautsequentielle Oberflächenstruktur. Global gesehen hat die einheitliche Tiefenstruktur der Begriffswelt, die in ihren ältesten und einfachsten Ansätzen beim Tier und Mensch identisch ist, in den Oberflächenlautsprachen der Erde viele Tausende unterschiedliche Grammatikprojektionen erfahren. Sie sind alle relativ späte und unvollkommene Realisierungsformen einer in ihrem Grundgefüge einheitlichen und universellen Tiefenstruktur. Wenn wir diese Zusammenhänge verstehen wollen, müssen wir von den herkömmlichen Begriffen der Lautsprachgrammatiken Abstand nehmen und nach eigenen Gesetzmäßigkeiten der Semantik/Semiotik eine allgemein-universelle *Tiefenstruktur*beschreibung anstreben. In welchem Maße ein Linguist, dessen Denkweise völlig von der Tradition der Lautsprachgrammatik bestimmt wird, heute dazu fähig ist, werden die linguistischen Beiträge der 80er Jahre zeigen.

3.2 *Ikon und Symbol: der Streit um die Verbindungsart zwischen Begriff und Lautsequenz.* — Die *Ikone* ist ein Kultbild der Ostkirche, übernommen aus dem Russischen (*ikona* 'Heiligenbild', dies aus neugriech. *eikona,* dies aus altgr. *eikōn,* Vasmer REtWW 1.476). Das *Ikon* ist eine neue Entlehnung aus dem Englischen *icon* (Aussprache des anlautenden Vokals: *ai-*) 'image, representation', das durch mittellat. Vermittlung aus dem *alt*griech. *eikón* 'Bild, Abbild' stammt (ursp. wohl 'passend, geregelt', Hofmann 1966.71). Seit Pierce (s. weiter unten) wird *icon* in der amerikanischen Linguistik ungefähr in der folgenden Bedeutung benutzt: Zeichen, das das Erkennen des Sinnes aufgrund einer unmittelbarer Einsicht ohne Lernprozeß ermöglicht. Ein realistisches Bild, eine Photographie ist grundsätzlich ein Ikon. Ihrem Betrachter braucht man in der Regel nicht zu erklären, daß sie einen Hund, Onkel Johannes oder die Engelsburg in Rom darstellen. Jeder, der Augen hat und ein Minimum an Kenntnissen besitzt, sieht dies auf den ersten Blick. Es sei gleich bemerkt, daß es Ikone auch unter den Lautsequenzen gibt: es sind das Wörter, deren bloße Aussprache verrät, woran der Sprecher denkt, nicht nur einem Mitglied derselben Sprechergemeinschaft, sondern auch einem Ausländer, der die betreffende Sprache gar nicht kennt. Wenn ich Wilhelm Wundt richtig verstehe, nannte er solche Laute (Lautsequenzen) "Naturlaute" (Wundt 1921.319). Hermann Paul betrachtete die Ikone als "Urschöpfungen" (Paul 1960.174 ff.). Sowohl Wundt als auch Paul zeigten eine große Anzahl von Ikonen aus der deutschen Hochsprache an, darunter solche wie

bummeln, bimmeln, blaffen, platschern, Puff, fimmeln, fummeln, klimpern, klirren, mucksen, wimmern, wauwau, zwitschern.

Sie versuchten diese "Ikone" nach verschiedenen Gesichtspunkten zu gruppieren und auch entwicklungsgeschichtlich zu bewerten. Sie konnten dabei auf Voruntersuchungen vor allem von Steinthal und Georg von der Gabelentz zurückgreifen. Wundt hat das wesentlichste bei solchen Ausdrücken erkannt, indem er feststellte, daß derartige Wörter in

ihrer Lautbildung eine so unmittelbare Beziehung zu den Gegenständen und Merkmalen, die sie bedeuten, erkennen lassen (Wundt 1921.329),

daß sie eine Sonderbehandlung in der Wortschatzanalyse verdienen. Er führte dabei Schall- und Lautnachahmungen wie *Rabe, Krähe, Kuckuck, Uhu, bellen, donnern, ticken* usw. als Beispiele an. Heute bedauern wir, daß Wundt und Paul bei der Untersuchung dieser Phänomena nicht auf Platos Kratylos zurückgegriffen haben, in dem das Verhältnis zwischen Lautsequenz und Bedeutung mit ungewöhnlichem Scharfsinn—jedoch, wie üblich verklauselt in eine heute obsolet wirkende Ausdrucksweise—analysiert worden ist (vgl. hierzu Arens 1969.6-7). Gewiß sind den Junggrammatikern in Deutschland auch die Arbeiten von Charles Sanders Pierce (1839-1914) unbekannt geblieben, der heute in Amerika als die Begründer einer modernen und ausbaufähigen Zeichentheorie gilt (Sebeok 1975.5 ff.). Dies ist kein Vorwurf, der gegen die deutsche Sprachwissenschaft gerichtet sei, zumal Pierce selber auch in Amerika lange Zeit unbekannt geblieben war und erst nach dem II. Weltkriege mit der Begründung der modernen Semiotik als eine Art "founding father" entdeckt worden ist (Sebeok 1976.5 ff.). Das Hauptverdienst von Pierce ist, daß er sich mit der Klassifikation der Zeichen (s. weiter unten 3) auseinandersetzte; er hat hierbei den Terminus *Ikon* (icon) geprägt in einem

Artikel, den er im Jahre 1867 publizierte ("On a new list of categories", vgl. Sebeok 1976.128). In den letzten Jahrzehnten ist der Fachausdruck Ikon sowohl in Amerika als auch in Westeuropa in der Semiotik aufgegriffen worden, da er in der Tat einem echten Bedarf abhilft. Die bisherigen Verwirrungen im Hinblick auf die Verbindungsart zwischen Zeichen und Begriff sind in nicht geringem Maße darauf zurückzuführen, daß man das eigenartige *Direkt*verhältnis zwischen Gegenstand und Zeichen nicht würdigen und konsequent bezeichnen konnte.

Für das Ikon gibt es zahlreiche Definitionen, ich führe hier die von Sebeok an, die auf Pierce fußt:

> A sign is said to be iconic when there is a topological similarity between a signifier and its denotum (Sebeok 1976.128).

Diese Definition besagt, daß zwischen Gegenstand und Zeichen ein unmittelbares Verhältnis besteht (s. oben meine Ausführungen und Wundt 1921.329). Sehr eindringlich ist dieses Verhältnis von dem namhaften ungarischen Linguisten Zoltán Gombocz (1877-1935) in seinem Handbuch "Sprachhistorische Methode" betont worden, in dem er u.a. Wundt und Hermann Paul referierte. Ich zitiere hier Gombocz's Formulierung, die mich seit meiner Studienzeit in den 40er Jahren in Budapest stets faszinierte:

> Einst, in der Zeit der Sprachentstehung, ist die Verbindungsart zwischen Wortform und Bedeutung *realistisch* gewesen; sie beruht heute dagegen lediglich auf Tradition sowie Einübung und ist als *formal* anzusehen. Denn die selbe Lautsequenz wird in verschiedenen Sprachen jeweils mit einer anderen Bedeutung verbunden und die selbe Wortform kann auch innerhalb derselben Sprache mehrere solche Bedeutungen haben, die miteinander nichts zu tun haben. Lediglich die lautnachahmenden sowie die lautmahlenden Wörter und die Lautmetaphern besitzen zu einem bestimmten Maße reale Verbindung zwischen Lautform und Bedeutung; darauf weisen auch die lautlichen Ähnlichkeiten hin, die zwischen den lautnachahmenden Wörtern mit gleicher Bedeutung in verschiedenen Sprachen zu einem gewissen Maße bestehen: ung. *kakuk,* dt. *kuckuck,* franz. *coucou,* finn. *käki;* ung. *hortyog,* dt. *schnarchen,* fr. *ronfler, ronronner,* usw. (Gombocz 1922.24-25; zum Kuckuck-Problem im Finnischen s. jetzt meinen Artikel in der Szemerényi-Festschrift, Décsy 1979).

Zurückgreifend auf einige terminologische Neuerungen von E. Coseriu (geb. 1921) nannte ich die Direktverbindung zwischen Lautsequenz und Bedeutung *kausal* und die sog. mittelbare Gleichstellung *arbiträr* (Coseriu 1968, passim, Décsy 1973.5-6). Die Umwandlung der Kausalverbindung in arbiträre bezeichnete ich daselbst als *Arbiträrisierung,* ein Begriff, der bei der Sprachentstehung nach traditionellen Ansichten eine außerordentliche Rolle zukommt (s. weiter unten). *Arbiträr* ist ein beliebter Terminus des Strukturalismus und trifft gewiß das richtige im Zusammenhang mit heutigen Sprachsystemen, in denen praktisch nur noch arbiträre (und nicht mehr kausale) Verbindungen zwischen Lausequenz und Bedeutung bestehen. Wie dem auch sei, ist die Verbindungsart

kausal/arbiträr

als Oppositionsbegriff der Eckstein der Sprachherkunftstheorie. Es sei hier mit Nachdruck darauf hingewiesen, daß diese Opposition schon von Plato entdeckt worden ist, der Kausalverbindung *physei* (etwa 'der Natur nach') und die arbiträre Verbindung *nomō* und *thesei* (etwa: 'der Konvention, daß heißt Arbitration nach') nannte. Wie schon oben gesagt, erscheinen diese Begriffe im Werk "Kratylos oder über die Richtigkeit der Wörter" in einem etwas schwer verständlichen Zusammenhang. Ich zitiere hier die Passage:

> Hermogenes: Unser Kratylos hier behauptet, Sokrates, es gebe für jedes Ding eine richtige, aus der Natur dieses Dinges selbst hervorgegangene Bezeichnung, und nicht das sei als (wahrer) Name anzuerkennen, was einige nach Übereinkunft als Bezeichnung für das Ding anwenden, indem sie (willkürlich) einen Brocken ihres eigenen Lautvorrates als Ausdruck für die Sache wählen, sondern es gebe eine natürliche Richtigkeit der Namen, die für jedermann, für Hellenen wie Barbaren, die gleiche sei... (Auch viele Gespräche) können mich aber nicht überzeugen, daß die Richtigkeit der Namen auf etwas anderem beruhe als auf *Verabredung* und *Übereinkunft* (kursiv von mir Gy. D.). Zitat nach Arens 1969.8, vgl. auch Jakobson 1979.178.

Es leuchtet ein, daß *physei* hier *Ikon,* und *thesei* (bzw. *nomō*) *arbiträr* bedeuten. Die Verbindungsart zwischen Begriff und Lautsequenz erfuhr in der Sprachwissenschaft recht unterschiedliche Benennungen. Um Identifikationen zu erleichtern, stelle ich auf der nächsten Seite die bekanntesten Termini tabellarisch zusammen, sofern mir bekannt, mit der Herkunftsquelle (s. S. 16).

Sehr gelungen ist der Ausdruck *kausal,* der m.W. von E. Coseriu stammt (vgl. UAJb 43.254-255, 1971). Der Vorgang, der zur Umwandlung des Ikons zu einem Symbol führt, ist von Th. A. Sebeok *Desikonisierung* (Sebeok 1976.121), von mir *Arbiträrisierung* genannt worden (Décsy 1973.5-6, daselbst auch Kausalsprache, Arbiträrsprache, Kausalausdruck, Arbiträrausdruck). Die Opposition *kausal/arbiträr* betont den logisch-entstehungsgeschichtlichen, *Ikon/Symbol* dagegen den funktionellen Hintergrund der Verbindungsart. In dieser Arbeit werden vorzugsweise die beiden letzten Ausdruckspaare

physei	thesei/nomoi	Plato
wahr	falsch	Griechen
realistisch	formal	Gombocz
natürlich	(künstlich)e Satzung	Wundt
Urschöpfung	(Neuschöpfung?)	Paul
wahr	willkürlich	Plato
richtig	(konventionell?)	Plato
direkt	indirekt	nach Gombocz
kausal	arbiträr	Strukturalismus
motiviert	unmotiviert	Anttila
konkret	abstrakt	
deskriptiv		
expressiv		
Kausalwort	Arbiträrwort	Décsy
izobrazitel'nyj		Russen
Protogenese		
	unmittelbar	
Ikon	Symbol	Pierce
Lautsymbolik (!)	?	
Lautikonismus	Lautsymbolik (!)	
Tonikonismus	Tonsymbolik	neuest

Tabelle I.   Verschiedene Benennungen für *physei/thesei*

verwendet. *Ikon/Symbol* gilt heute terminologisch sowohl in Amerika als auch in Deutschland als allgemein angenommen. Man spricht auch über Ikonismus und Ikonizität. Heft 4 des Bandes 1(1979) der Zeitschrift für Semiotik sollte dem Ikonismus in den natürlichen Sprachen gewidmet werden (vgl. die Voranmeldung Semiotic Scene 2.203, 1978), wobei die folgenden außerordentlich attraktiven Themenkreise behandelt werden sollten: Ikonismus in der Phonologie (Jürgen Pesot); Ikonismus in der Morphologie (Willy Mayerthaler); Ikonismus in der Flexion (Robert Austerlitz); Ikonismus in der Phraseologie (John R. Ross); Ikonismus in der Syntax (Roland Posner); Ikonismus im Sprachwandel (Frans Plank). Obwohl keiner der angekündigten Artikel im inzwischen erschienenen Heft abgedruckt wurde, zeigte ich hier den Plan an, um anzudeuten, daß das Thema Ikonismus (Ikonizität) in der modernen Linguistik und Semiotik in der Tat eine erstrangige Attraktion darstellt.

Aus dem obigen ergibt sich die Definition des Symbols. Symbol ist ein Zeichen, bei dem ein arbiträres (nichtkausales) Verhältnis zwischen Begriff und Lautsequenz besteht. Im Griechischen bedeutete *Symbol* (*symbolon*) ein Erkennungszeichen: das eine Stück eines in zwei Hälfte gebrochenen kleinen Gegenstandes, das zwei unbekannte Personen beim ersten Treffen als

Identifikationszeichen wieder zusammenlegten (daher von *symballein* 'zusammenwerfen', d.h. die beiden Stücke wieder zusammenlegen). Die obige Definition ist auf die humane Lautsprache zugeschnitten, die allgemeine Semiotik arbeitet mit einer umfassenderen Begriffsbestimmung:

> A sign without either similarity or contiguity, but only with a conventional link between its signifier and its denotata, and with an intensional class for its designatum, is called a symbol (Sebeok 1976.134).

Die Unterscheidung *Ikon/Symbol* ist grundlegend, und ausreichend für die Sprachherkunftsforschung. Bekanntlich hat Th.A. Sebeok in seiner klassischen Arbeit (Sebeok 1976.121-142) über die Klassifikation der Zeichen in Anlehnung an Pierce sechs "Typen" unterschieden: Signal, Symptom, Ikon, Index, Symbol, Name. Eine derartige spezifizierende Aufschlüsselung mag zwar in der allgemeinen Semiotik berechtigt sein, auf die humane Lautsprachentstehung bezogen ist sie jedoch geeignet, die grundlegende Unterscheidung *Ikon/Symbol* zu verwischen. Nach meiner Auffassung sind Signal, Symptom und Index Unterbegriffe (Begriffsteile) des Ikons, und Name ist eine Abart des Symbols. Nach einer Information, die ich 1977 von Herrn Christian Kloesel von Indianapolis (Pierce Edition Project) erhalten habe, hat Pierce Ikon, Index und Symbol in seinen späteren (gegenwärtig noch nicht edierten) Schriften nicht so rigid auseinandergehalten wie in seinen frühen Publikationen (Kloesel 1977). Hinzu kommt, daß es in jedem Falle gesondert untersucht (und entschieden) werden muß, ob es um ein Ikon oder um ein Symbol geht. Die gleiche Verbindung zwischen Begriff und Lautsequenz erscheint dem einen als Ikon, dem anderen als Symbol. Auch die Sachauslegungen desselben Zeichens ermöglichen sowohl ikonische als auch symbolhafte Bewertung. Wenn ich Hufeisenspuren auf der Rennbahn im Sand betrachte, dann ist sie zunächst einmal ein Ikon des Hufeisens; sie kann aber auch ein Zeichen (Symbol) dafür sein, daß auf der Rennbahn einige Stunden zuvor ein Wettrennen stattfand: zur Apperzeption muß man somit stets den Kontext und die Situation berücksichtigen. Wir können auch behaupten, daß die Ikonizität in den Lautsprachen des modernen Menschen keine erkennbare Rolle mehr spielt. Auch wenn eine Verbindung zwischen Begriff und Lautsequenz klar ikonisch ist (wie z.B. *grell, Krieg* oder *brüllen* im Deutschen), ist der Kausalcharakter bei ihnen nur für den forschenden Linguisten erkennbar: der Durchschnittssprecher kennt und benutzt solche Wörter als Symbole (ähnlich den klar symbolhaften Wörtern wie *Vertrag* oder *Konstitution, Schachzug* oder *Gerichtsverhandlung*). Was Ikon ist, ist eigentlich eine Frage der Arbitration.

Ikonizität ist als Erklärungsprinzip bei der Sprachentstehung ohne Zweifel wichtig. Die These jedoch, daß ursprünglich alle Wörter, alle

Morpheme der Humansprache ikonisch waren, und dann langsam durch Arbiträrisierung (Desikonisierung) Kausalwörter geworden sind (so noch Décsy 1973.4), ist jedoch im Lichte moderner Forschung nicht haltbar. Schon Wundt hat widerholt darauf hingewiesen. daß die "Naturwörter" (= Ikone) lediglich einen sehr geringen Prozentsatz des Wortschatzes abdecken (Wundt 1922.637). Auch wenn wir voraussetzen, daß Kausalwörter auch noch heute erzeugt ("urschöpft") werden (Paul 1960.174 ff., vgl. auch Hakulinen 1960.16), ist es äußerst schwierig, einsichtsträchtige Zusammenhänge bei solchen Ausdrücken zwischen Begriff und Lautsequenz zu erkennen. Noch schwieriger ist es, entsprechende Beobachtungen global zu bewerten und sie als *Tonikonuniversalien* zu etablieren. Das Thema hat seit Plato Tausende von Linguisten (und eine Schar von Amateursprachforschern) fasziniert, darunter solche Genien wie G.W. Leibnitz, Roman Jakobson und O. Jespersen. Dennoch blieb den Bemühungen, Tonuniversalien (eine Art Pasiolalie) aufzustellen und diese einer globalen humanen Lautsprache zu Grunde zu liegen, der Erfolg versagt.

Alle Versuche, Tonikonuniversalien zu erschließen, scheitern an der Tatsache, daß beinahe jede Hypothese durch Sprachfakten aus zumindest einer der rund dreitausend Sprachen der Erde widerlegt werden kann. Auch wenn man nur für Einzellaute universale semantische Werte festlegen möchte, stößt man schon auf unzählige Schwierigkeiten. Noch schwieriger ist es, für Lau*ffolgen* universelle semantische Gültigkeiten in allen Sprachen der Erde von dem Beginn der Sprachentstehung an bis heute zu beanspruchen. Ich führe hier einige Beispiele an:

m bedeutet Sachen, die rund sind; Beobachtung von Georg von der Gabelentz (1840-1893), behandelt von Jakobson 1979.178

Jespersen versuchte im Jahre 1922 in einer Monographie nachzu-weisen, daß der illabiale Vordervokal *i* in den Sprachen der Erde 'klein, hohe, schwach, unbedeutend, geringfügig' bedeutet—eine These, die seit Plato oft wiederholt, jedoch nie nachgewiesen werden konnte (Jakobson 1979.183). Das *u* ist dagegen 'massig, hohl, dick, schlammig' usw. (Fónagy 1963.41-42). Für die These lassen sich reichlich Wortpaare mit der Opposition 'klein'/'groß' aus ver-schiedenen Sprachen anführen: engl. l*i*ttle/b*i*g (alt *bugja*), finn. p*i*eni/s*uu*ri, ung. k*i*s/n*a*gy, griech. m*i*kros/m*a*kros, jap. ch*ii*sai/*oo*kii. Dem Prinzip widersprechen jedoch hebr. k*a*tan/g*a*dol, slaw. m*a*lyj/vel*i*k*i*j (Russ.), arab. s*a*ghir/k*a*bir, Suaheli -d*o*go/-k*u*bwa, türk. k*ü*çük/b*ü*yük.

Im Englischen bedeuten Wörter mit dem Anfangsteil *sl*- 'glatt' oder ähnliches (*sl*ide, *sl*ip, *sl*ither, *sl*ush, *sl*uice, *sl*udge, usw.), *sk*-Anfang bezieht sich auf irgendetwas an der Oberfläche (*sk*ate, *sk*imp, *sk*id, *sk*im, *sk*in), *ump* scheint runde Sachen zu bedeuten (pl*ump*, ch*ump*, r*ump*, h*ump*, st*ump*, d*ump*, m*umps*), vgl. Palmer 1976.40. Vertreten diese "phonoästhetischen" Ausdrücke etwa universelle Regelmäßigkeiten? In vielen Sprachen der Erde ist Konsonantenhäufung im Anlaut unzulässig, zudem ist *l* in einer Reihe von Idiomen gar nicht vorhanden. (Palmer 1976.40)

Julius Nyikos hat eine große Angabensammlung aus verschiedenen Sprachen der Erde zusammengestellt, um nachzuweisen, daß die Wörter, die 'Kreis, Wendung, ungerades, gebogen' bedeuten, in der Lautsequenz ein *r* haben, vgl. K*r*eis, *r*und, lat. tu*r*nus, engl. tu*r*n, finn. pii*r*i 'Kreis', ung. kö*r* 'ds.', lat. ci*r*culus, ung. gö*r*be 'krumm' usw. Die Vielfalt der Angaben ist auf den ersten Blick beeindruckend; es ist jedoch spielend leicht, die These zurückzuweisen, insbesondere wenn man das Semem entsprechend weit faßt: dt. *wenden,* 'biegen' usw. (Nyikos 1976)

Gesondert sei hier auf die m.E. verdienstvollen Versuch von Walter Zundel hingewiesen (Zundel 1979), der in Anlehnung an eine Arbeit von Egon Fenz (1941), die Möglichkeit kausaler Verbindung zwischen den Sprachlauten und Begriffen im Deutsch untersuchte.

Es ist damit zu rechnen, daß die Ikonizitätsforschung in den 80er Jahren zu einem Hauptanliegen der Linguistik werden wird. Roman Jakobson hat sich in seinem neuen Buch *The Sound Shape of the Language* ungewöhnlich viel mit dem Problem befaßt (s. UAJb 52.182, 1980). Offenbar rangiert ein entsprechendes Programm auch bei der Posner-Gruppe in Berlin mit an der Spitze (Semiotic Scene 2.203, 1978). Ich selber war vor wenigen Jahren noch der Ansicht, daß das Ikon uns den Schlüssel zur Erklärung der Lautsprachentstehung in die Hand gibt (Décsy 1973.5-6: "Ursprünglich waren alle unseren Sprachen Kausalsprachen, sie besaßen nur Interjektionswörter; infolge viele hunderttausend Jahre dauernder Entwicklungen sind sie jedoch Arbiträrsprachen geworden"). Hier möchte ich mich jedoch von dieser meinen früheren Auffassung distanzieren. Die Gründe dazu führe ich folgendermaßen aus:

Strukturell gesehen ist das Ikon abstrakter und komplizierter als das Arbiträrzeichen. Es muß daher entwicklungsgeschichtlich jünger sein. Dies widerspricht der gängigen Auffassung, die das Ikon ohne weiteres als "einfach" bezeichnet und ihm damit—zumindest im Wahrnehmungsbereich der Optik—hohe chronologische Priorität beansprucht. Ein Ikon ist stets mit mehr störenden assoziativen Verbindungen (Begriffsballast) belastet als ein Arbiträrwort; technisch ist es schwieriger zu produzieren als ein Symbol, das als

Zeichen zwar vorangehende Konventionen und damit Lernprozeß voraussetzt, dafür jedoch technisch viel leichter zu handhaben ist.

Es gilt als nachgewiesen, daß die Verhaltens- und Lautzeichen der Tiere arbiträr sind (Marler 1977.50, vgl. auch Smith 1977.550). Es ist kaum anzunehmen, daß ein Affe, ein Singvogel usw. die nervlich-geistigen Fähigkeiten (darunter Einbildungskraft) besitzt, die für das Erkennen eines ikonischen Verhältnisses zwischen Begriff und Zeichen erforderlich sind. Wahrscheinlich ist Arbitrarität neurologisch programmierbar, Ikonizität dagen nicht. Hier müssen die Psychologen und die Verhaltensforscher weitere evolutionstheoretisch auswertbare Untersuchungen durchführen.

Was nun speziell die Tonikone der humanen Lautsprache betrifft, erscheint uns das Problem noch komplizierter. Wahrscheinlich besaß der angehende Mensch ursprünglich nur das Ur-Protophonem *HE/EH* (Band 1.71 und 3.3.4 weiter unten). Mit einem einzigen und wenig variablem Zeichen kann man jedoch ikonisch nichts anfangen, da unterschiedliche Begriffe stets mit dem gleichen Laut (oder mit der gleichen Lautfolge) hätten bezeichnet werden müssen; so entstandene Zeichen hätten also keine Distinktionskraft besessen. Tonikone können nur entstehen, wenn schon Phoneme in größerer Zahl auf Tonspezifikum-Grundlage (Band 1.54 ff.) vorhanden sind, was jedoch in der humanen Sprachentstehung (im Gegensatz zu dem avialen Gesang) gewiß spät geschah: in einer Zeit, als die Arbitrarisierungsfähigkeit des Menschen schon vorhanden war, die ja (im Gegensatz zur Ikon-Abstraktion) subhuman ist.

Außer den Lautprodukten, die der Mensch bei dem Weinen, Lachen, Stöhnen, Husten, Niesen usw. von sich gibt, können keine global gültige Lautäußerungen identischer Semantik in den dreitausend Sprachen der Erde angesetzt werden. Diese sind nervlich-biologisch unwillkürliche Geräuschprodukte und besitzen im *HE/EH* (Band 1.46-47) identische Tonfundierung; sie wären daher rein auditive nicht zu unterscheiden, deswegen werden sie wohl stets mit Mimik oder Körperbewegungen (Körpersprache, body-language, behavioral display) semantisch "präzisiert". Das Phonicum ist bei diesen uralten Gemütsäußerungen mehr oder weniger nur eine Begleiterscheinung der Bewegung. Bei ihnen sind der nichtspezifische Laut und die Geste miteinander enger verbunden als bei den emotionell neutralen, tonlich zisellierten Wörtern der Humansprache. Sie können nur durch die sog. Lauteigenschaften wie Druckstärke, Tonhöhe, Dauer variiert werden (Band 1.46-47, 76-77). Eine globale Wortgeographie der Wein- und Lachzeichen ist noch nicht erstellt worden, es lassen sich jedoch gewiß keine geographisch umrißbaren Konventionsgebiete dafür ermitteln. Für die Paläosemiotik sind sie wichtig, weil sie offenbar eine unmittelbare Verbindung zwischen nervlich-biologisch verankerter Zeichenproduktion und Arbitrarität vertreten. Eine ikonische Zwischenstufe ist hier chronologisch kaum anzusetzen, oder wenn ja, muß dies noch nachgewiesen werden.

Das Problem *Ikon/Symbol* war eine zentrale Angelegenheit der griechischen Philosophie von Plato bis tief in die hellenistische Zeit hinein. Was dabei die Griechen an Scharfsinn vor Augen führten, gilt auch heute noch als unübertrefflich (eine Skizze des Diskussionsvorganges bei Arens 1969.7-21). Das Ergebnis war, daß die Verbindungsart zwischen Begriff und Zeichen vom Anfang an arbiträr gewesen sein muß (s. Kratylos, nach Arens 1969.8 , Zitat oben). Die Arbitrarität ist nach den Ethologen nervlich-biologisch-fundiert. Hier hat die moderne Forschung ein theoretisches Ergebnis der griechischen Philosophie voll bestätigt: die humane Lautsprache ist im Hinblick auf die Verbindungsart zwischen Begriff und Laut(folge) nichtkausal-symbolhaft. Die These über die ikonistische Ursprungsphase der Humansprache tauchte bei den Griechen verhältnismäßig spät auf (3. Jh. Diogenes Laertius Epikur, Arens 1969.18) und stellt gewiß ein sophistisches Spekulationsprodukt dar. Da sie auf die Herkunftsfrage eine sehr einfache Antwort gibt, ist sie später ungewöhnlich populär geworden. Ein Ikon ist jedoch ohne hochentwickelte Humanintelligenz nicht vorstellbar. Es ist zwar durch den beobachtenden Menschen festgestellt worden (Eibl-Eibesfeldt 1967.144-146), daß eine bestimmte Körperhaltung der tanzenden Biene gewisse Richtungsweisung quasi als Ikon im Hinblick auf Sonnenstand und Futterplatz anzeigt; die Frage ist aber, ob die konspezifischen Informationstauschpartner, d.h. die anderen (angesprochenen) Bienen hierbei das Ikonische miterfassen oder nicht. Das Ikonische kann hier der beobachtende Forscher erkennen, kaum jedoch die konspezifischen Partner (also die tanzenden Bienen selber). Ikonität ist nur für das Humanbewußtsein erkennbar; sie bildet im Zeichen, wenn darin überhaupt vorhanden, nicht den Nukleus der Information, sondern lediglich eine untergeordnete philosophische Interpretationsmöglichkeit für den spekulierenden Menschen.

3.2.1 *Hohe Priorität der Arbiträrzeichen.* — Von den rund halben Millionen Lautsequenzen einer gegebenen modernen Sprache (s. 3.6) lassen sich höchstens einige hundert ikonisch deuten, wobei die Methode einer komplizierten Kausalitätssucherei zumeist auf synästhetischer Grundlage (hierzu s. Dombi 1974) verwendet werden muß. Da eine nichtrudimentale systematische Kausalität ein typischer Zug des Humanintellekts ist, kann man sie für die Tierwelt als Zeichenklassifikationsprinzip gewiß nicht anwenden. Auch wenn wir Rudimente einer kausalen Verhaltensweise für die Tiere ansetzen, kann diese dort nicht die primäre Grundlage der Zeichenproduktion sein. Aufgrund der Ausführungen in diesem Kapitel können wir also behaupten, daß die Arbitrarität entwicklungsgeschichtlich der Ikonizität vorangeht, das Zeichen ist im typischen Fall nichtkausal, einer vermeintlichen kausalen Verbindung zwischen Begriff und Lautsequenz folgt rasch eine Desikonisierung (s. Sebeok 1976.121) oder Arbiträrisierung (Décsy 1973.5-6). Die Arbiträrität ist offenbar soziobiologisch eingebaut in die Natur der Lebewesen (zur Soziobiologie Wilson 1975.7). Arbiträrität ist programmierbar, Ikonizität dagegen nicht. Alle Zeichen der Computersprachen sind arbiträr, auch die vermeintlichen Ikonzeichen der Humansprachen funktionieren wie Arbiträrzeichen und sie sind letzlich nur für den forschenden Linguisten als etymologisches Problem von Belang.

3.2.2 *Imitation und Repetition als Verbindungsart.* — Die Imitation spielt eine außerordentliche Rolle in der Betätigung (Operation) der Sprache. Die sog. Nachahmungstheorie (Wundt 1922.636) versuchte die Entstehung der Humansprache aus diesem Instinkt des Menschen abzuleiten. Inzwischen sind Ethologen zu dem Ergebnis gekommen, daß die Imitation

> seems to be limited to primates...toothed whales, and to vocalization in parrots and various other birds (Barlow 1977.114).

Im Gehirn gibt es keine besonderen Zentren für die Imitation, die daher eine komplexe und späte MPA (Modal Action Pattern, Barlow 1977.99) des Humanbewußtseins sein muß (zur Zenteridentifizierungen im Gehirn s. Sagan 1977.34-35). Die Repetition ist eine besondere Form der Imitation, die vorwiegend die zeitsequentionellen Variationen hervorhebt. Demnach sollte die Wiederholung, die als Reduplikation auch in der morphologischen Struktur der Sprache eine Rolle spielt (3.5.4), eine noch jüngere MAP darstellen als die Nachahmung. Diese These wird jedoch durch die hirntopologische Tatsache widerlegt, daß die Wiederholung im sehr alten R(eptilien)teil des Nervensystems organisiert ist (3.1.6).

Obwohl die Nachahmung (griech. *Mimesis*, verwandt mit dt. *mein* in *Mein*eid) und Wiederholung (griech. *Tautologie*) grundlegende Prinzipien des Körperbaus der Lebewesen sind (denken wie an die Symmetrie oder die paarigen Körperteile) und als Ordnungsfaktor auch die Reproduktion sowie humane Produktionstätigkeit in der Gesellschaftsorganisation regeln (so Austerlitz 1980.7-8), sind sie zeichentaxonomisch noch nicht bewertet worden. Ihre Dialektik ist durch Austerlitz im folgenden Paradoxon erfaßt worden:

> (In der Welt) ist alles Wiederholung. (Trotzdem) kann man (im Leben oder in der Natur) nichts wiederholen (a.a.O. 7).

Das Paradoxon läßt sich aufgrund des Saussure'schen Prinzips aufheben: als *langage* (Sprache) ist nichts wiederholbar, als *parole* (Sprechakt, konkrete Realisierung) ist jedoch alles stets wiederholbar. Da die Wiederholung als biologisches und soziales Prinzip auch in der Tierwelt vorhanden ist, kann man sie nicht als rein human bezeichnen. Hier hängt freilich viel davon ab, wie wir den Begriff definieren. Auf jeden Fall ist aber die Nachahmung als psychologisch *bewußter* Vorgang entweder nurhuman oder nur auf einige ranghöhere Tierarten beschränkt (s. oben das Zitat von Barlow). Aufs ganze gesehen, geht es bei diesem Problem nicht so sehr darum, ob die Wiederholung/Nachahmung als biologisches Ordnungsprinzip vorhanden ist oder nicht, sondern lediglich darum, ob der Mensch oder die Primaten es *bewußt* durchführen können oder nicht. Streng genommen müßten Nachahmung/Wiederholung als der klassische Fall der Ikonizität gelten: man reproduziert das, was man hört, sieht oder riecht. Da es sich zumindest bei der Wiederholung um uralte subhumane Ordnungsfaktoren handelt, muß sich die Möglichkeit eines bewußten Abwägens für ihre Entstehung sowie bei ihrer Verwendung durch Tier und Mensch ausschalten. Ob also Imitation, Repetition oder Reduplikation kausal-ikonisch sind, ist eine Frage, die in Untersuchungen über das Humanbewußtsein gehört (Liebrucks 1964).

3.3 *Aus der Zeichentaxonomie.* — Aus der neueren Literatur zur Zeichentheorie und Zeichenklassifikation führen wir hier nur das an, was für die Sprachherkunftsforschung von Belang ist. Das Zeichen ist ein in der Regel leicht zu handhabendes Element, das in der Kommunikation stellvertretend für den Begriff eintritt oder verwendet wird. In den Urzeiten war es wahrscheinlich weniger kompliziert als heute. Ursprünglich vielleicht nur eine Improvisation oder Verlegenheitslösung, ist es heute die alleinige Form von sozialem Kontakt und Produktionstätigkeit. Das Zeichen als Informationseinheit ist "zweigesichtig" (bifacial, Sebeok 1976.117 ff.), da es als eigenständige Einheit (Bit) zwei Phänomena verbindet: den Begriff (signatum) und das dafür stehende Symbol (signans). Diese "Zweigesichtigkeit", die schon von den griechischen Philosophen im 6. Jh. v.Chr. erkannt wurde, erfuhr während der vergangenen zweieinhalb Jahrtausende recht unterschiedliche Benennungen, was zu nicht wenig Konfusion führte. Involviert sind in das Verhältnis zwischen *Begriff/Symbol* stets *drei* Erscheinungen: der *Begriff* selbts, das ihn bezeichnende *Symbol* und das *Bit* mit der Botschaft (Message), die im Speicher (Gehirn oder Computer) die Verbindung zwischen den beiden ersteren (Begriff und Symbol) herstellt. *Zeichen* ist im Deutschen zweideutig: in breiterem Sinne bezeichnet es das *Bit* (s. oben), im engeren das *Signans*. Die Tabelle auf S. 24 dient der Identifikation von Termini, die im Rahmen des erwähnten Dreieckverhältnisses unterschiedlich verwendet werden.

Das deutsche Wort *Zeichen* gehört zur Familie des Verbs *zeigen*; griech. *sēma* (dor. *sāma, sāmatos*) hängt mit altind. *dhīḥ* 'Gedanke, Verstand, Andacht' zusammen, lat. *signum* (daraus franz. *signe*, engl. *sign*) geht auf *sec-non* 'zurück (*seco* 'schneiden'), dessen Stamm auch in dt. *Säge* und *Sense* weiterlebt. *Signal* ist ein im Deutschen, Französischen und Englischen beliebter

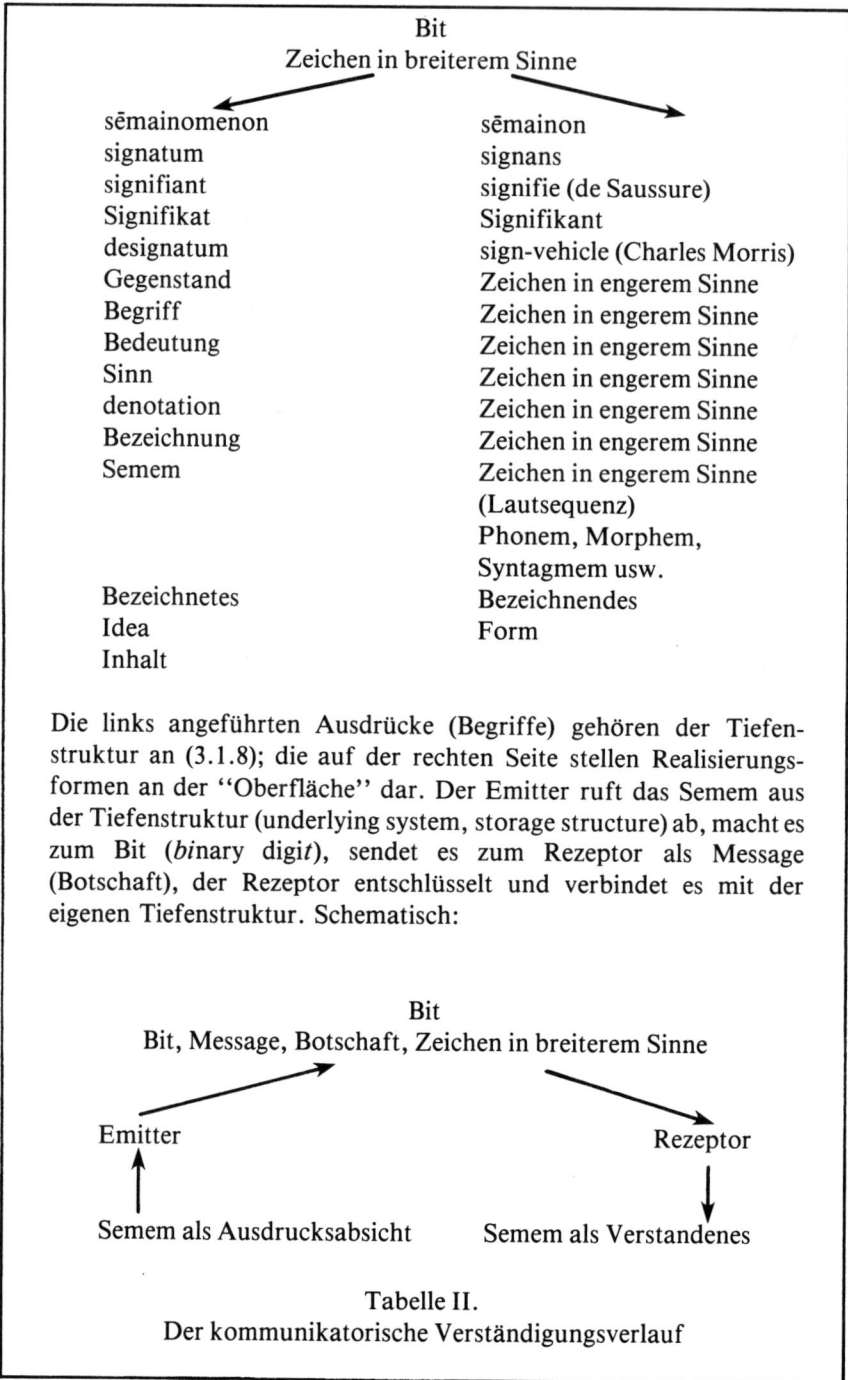

Bit
Zeichen in breiterem Sinne

sēmainomenon	sēmainon
signatum	signans
signifiant	signifie (de Saussure)
Signifikat	Signifikant
designatum	sign-vehicle (Charles Morris)
Gegenstand	Zeichen in engerem Sinne
Begriff	Zeichen in engerem Sinne
Bedeutung	Zeichen in engerem Sinne
Sinn	Zeichen in engerem Sinne
denotation	Zeichen in engerem Sinne
Bezeichnung	Zeichen in engerem Sinne
Semem	Zeichen in engerem Sinne
	(Lautsequenz)
	Phonem, Morphem,
	Syntagmem usw.
Bezeichnetes	Bezeichnendes
Idea	Form
Inhalt	

Die links angeführten Ausdrücke (Begriffe) gehören der Tiefenstruktur an (3.1.8); die auf der rechten Seite stellen Realisierungsformen an der "Oberfläche" dar. Der Emitter ruft das Semem aus der Tiefenstruktur (underlying system, storage structure) ab, macht es zum Bit (*bi*nary digi*t*), sendet es zum Rezeptor als Message (Botschaft), der Rezeptor entschlüsselt und verbindet es mit der eigenen Tiefenstruktur. Schematisch:

Bit
Bit, Message, Botschaft, Zeichen in breiterem Sinne

Emitter   Rezeptor

Semem als Ausdrucksabsicht   Semem als Verstandenes

Tabelle II.
Der kommunikatorische Verständigungsverlauf

Fachausdruck aus der lat. Adjektivform *signalis*; Ethologen verwenden es in der Bedeutung 'technisch primitives Zeichen, insbesondere in der Tier-kommunikation' (Wilson 1975.181). In der Alltagssprache ist jedoch *Signal* ein 'festgelegtes, verabredetes Zeichen' (Wahrig 1972.3289), das also das nichtikonisch-arbiträre betont.

In unserer Welt kann praktisch alles sowohl als "Signifikat" als auch als "Signifikant" gelten. Das ist der Grund dafür, daß die moderne Semiotik alle Offenbarungsformen der Welt in ihre Untersuchungen einbeziehen möchte. Die Linguistik ist demnach nur ein Teil der Semiotik. Ohne Zweifel ist aber die humane Lautsequenzsprache das wichtigste aller Kommunikationssysteme auf der Erde. Die seit de Saussure übliche Herabstufung der Sprache zu einer untergeordneten Struktur der allgemeinen Zeichenlehre erfuhr in der letzten Zeit eine wohltuende Revision. Die Humansprache mit ihren Lautsequenz-zeichen ist Leitbild für alle Kommunikationssysteme in unserer Welt; die Nichtlautsequenzsysteme sind entweder Vorstufen oder Nachahmungen der menschlichen Sprache. Die mit nicht wenig Sophisterei hochgespielte Frage, ob Vernunft und Denken ohne Sprache möglich ist oder nicht, hat für uns hier nur eine akademische Bedeutung. Zitieren möchten wir dazu Konrad Lorenz (geb. 1903), der von Gerhard Höpp erzielte Resultate unter Berufung auf die Chomsky-Schule folgendermaßen bestätigte:

Die Sprache ist nicht nur ein Mittel äußerer Verständigung, sondern *ein konstitutiver Bestandteil der Vernunft selbst* (zitiert nach Höpp 1970.V).

Die Zeichen können nach den verschiedensten Gesichtspunkten klassifiziert werden (s. Sebeok 1976.117-142, Wilson 1975.178). Besonders wichtig ist für unser Thema die Einteilung nach Verbindungsart zwischen Begriff und Lautse-quenz (Signifikat und Signifikant), darum haben wir uns mit ihr in einem besonderen Kapitel befaßt (3.2). Sebeok nennt als eindringlich Beiträge von Pierce, Sanders, Jakobson, Ogden & Richards, Karl Britton, Bertrand Russel, Charles Morris, de Saussure, Leo Weisgerber, Alan H. Gardiner, Karl Bühler, Eric Buyssens, Bloomfield Hjelmslev usw., die für die Zeichentaxonomie (Zeichenklassifikation) außergewöhnliche Bedeutung haben. Im Zusammen-hang mit der Sprachherkunftsforschung ist das Rekapitulieren der sog. ent-wicklungsgeschichtlichen Gruppierung der Zeichen unerläßlich, die im folgen-den nach den Entstehungsprioritäten der humanen Sinnesorgane durchgeführt wird. Anatomische und topologische Fakten sprechen dafür, daß der Tastsinn älter ist als der Geruchssinn, der Geruchssinn älter als das Sehvermögen, das Sehvermögen älter als der Gehörsinn, und der Gehörsinn wesentlich älter als die Lautsequenzproduktion des Menschen. Naturwissenschaftler mögen zwar diese Chronologie in einigen Fällen anzweifeln (insbesondere bei der Einstufung des Gehörsinnes und des Gesichtssinnes), die Meinungsverschiedenheiten sind jedoch für unsere Erklärungen nicht sehr von Bedeutung. Die Humansprache ist erst entstanden, als die fünf Sinnesorgane schon voll entwickelt (oder teilweise durch Verlustmutation zurückentwickelt) waren (s. Band 1.2.4, S. 19). Die These kann jedoch kaum angezweifelt werden, daß der Tastsinn die älteste Reizempfangsorganisation darstellt, zu der sich dann nach einer sehr langen Entwicklungszeit durch Spezialisierungen die anderen Rezeptionsstellen wie die gustatorische, olfaktorielle, visuelle und auditive gesellten.

3.3.1 *Takteme.* — Fission/Fusion (Spaltung/Verschmelzung oder Teilung/ Vereinigung) ist der fundamentalste Vorgang des Lebens von den niederen oder Mirkroorganismen (Amöben, Bakterien) an bis zu den großen sozialen Organisationen der Humangesellschaft (vgl. hierzu Révész' Darlegungen im Zusammenhang mit seiner Kontakttheorie, Révész 1946.110). Wir wissen, daß dieser elementare Vor*gang* auch in dem Aufbau und Änderungen der anorganischen Welt von grundlegender Bedeutung (Atome, Atomspaltung usw.) ist. Taktem, eine unschöne, jedoch nützliche Innovation, ist das Zeichen der Taktilkommunikation. Es geht dabei um eine unmittelbare (hautnahe) körperliche Berührung zweier Beteiligter, die wir im allgemeinen Kontakt, bezogen auf entwicklungsgeschichtlich frühe Stadien jedoch *Urkontakt* nennen könnten. Beim Taktem besteht keine Distanz (Entfernung) zwischen den Beteiligten, es gibt dabei keinen Emitter und Rezeptor, auch keine besonderen Organe für Emission und Empfang, man signalisiert und empfängt in der ureigensten Form mit dem Gesamtkörper. Physikalisch erzeugt der Kontakt Wärme, und man ist überrascht, wie das Säugetier (Körpertemperatur 37° C) sich der bei Körperkontakt erzeugten kleinen Temperaturerhöhung angezogen fühlt. Warm ist in allen Sprachen der Welt gleichbedeutend mit 'angenehm' (Einzelheiten weiter unten 3.4.1). Der direkte Kontakt, um als Zeichen realisiert zu werden, muß lange bestehen, er ist also ein *Zustand.* Als Takteme dürften im Humanverhalten der Beischlaf, der Geschlechtsverkehr, der Kuß, das Umarmen, der Handschlag usw. gelten, bei denen freilich zusätzlich auch andere, entwicklungsgeschichtlich jüngere Zeichenarten (Geruch/Geschmack, Visus) im Spiele sein können. Um ein Taktem herbeizuführen, muß der Gesamtkörper durch Lokomotion (s. 3.5.5 weiter unten) Entfernung überwinden, sich also im Raum bewegen können. Taktem ist daher das kostspieligste Zeichen in der Kommunikation, sein alleiniger Vorteil ist die niedrige Organsausstattungsschwelle. Für den Menschen ist es infolge der leichten Verwendbarkeit entwickelterer Zeichensysteme eine Art "excess baggage" geworden: er greift auf das Taktem nur noch beim emotionellen Verhalten (Liebe, Respekt) zurück. Der Mensch empfängt Takteme durch die ganze Epidermis, obwohl es darin besonders ausgestatte Zonen mit höherer Empfindlichkeit gibt. Mit dem Problem der Taktilkommunikation hat sich neulich Frank A. Geldard befaßt (Geldard 1977). Er unterscheidet vier hauptsächliche Bedeutungen bei den Taktemen:

Druck, Schmerz, Wärme und Kälte. Die durch die Epidermis laufende Taktilkommunikation nennt man "cutaneous" (beide Stellen bei Geldard 212). Es
sei bemerkt, daß die Taktilkommunikation am wenigsten speziesspezifisch ist:
sie kann der Mensch am leichtesten für Mitteilungen an Tiere verwenden.
Wichtig ist auch, daß der Emitter eines Taktems nicht ein Lebewesen zu sein
braucht. Druck, Schmerz und Wärme sowie Kälte können auch durch Sachen
erzeugt werden, wenn sie mit Lebewesen in körperliche Berührung geraten.
Unser Gesamtverhalten zu der Sachwelt in seiner ureigensten Form geht durch
Takteme vor sich. Verhängnisvollerweise trägt dieser Einsicht der Name der
Erfahrung Rechnung, der in den meisten Sprachen aus Wörtern entstand, die
'angehen, abtasten, (ver)suchen' und ähnliches bedeuten (griech. *empeiria*, lat.
experientia, russ. *opyt*, finn. *kokemus*, ung. *tapasztalat* usw.). Die nervliche
Organisation des Tastsinns ist bei dem Menschen nur geringfügig zentralisiert;
sie wurde wahrscheinlich im Zusammenhang mit dem Haarverlust umgestaltet,
in bestimmten Regionen verstärkt (erogene Zonen), aufs ganze gesehen jedoch
zurückentwickelt. Diese Verlustmutation ermöglicht dem Menschen mit den
Gegenständen der Sachwelt ohne Schmerzempfinden zu umgehen, sie zu
bearbeiten, umformen und in seinen Dienst zu stellen.

3.3.2 *Pheromeme.* — Im Jahre 1959 prägten P. Karlson und M. Lüscher
den Ausdruck *pheromon(es)* (griech. *phero* 'tragen, bringen' und hor*mon*
'körpereigener Wirkstoff'), der in der Folgezeit in den Naturwissenschaften
sehr aufgegriffen wurde (s. die Zeitschrift Nature 183.55-56, 1959). Nach der
Definition von Harry H. Shorey (geb. 1931):

> a pheromone is a chemical or a mixture of chemicals which is released
> to the exterior by an organism and, which, upon reception by another
> individual of the same species, stimulates one or more specific
> reactions. Although this review is restricted to a consideration of
> animals, interorganism communication by pheromones also occurs in
> many species of plants. (Shorey 1977.137)

In Anlehnung an den Terminus Phon*em* bildete ich *Pheromem* (engl.
pheromeme) für das chemische Kommunikationszeichen (chemical sign).
Hierher gehören die Zeichen, die durch den Geruchs- und Geschmackssinn
wahrgenommen werden, und deren Substanz Chemikalien bilden. Geruchs-
und Geschmackssinn sind bei dem Menschen geschieden; sie bilden jedoch
entwicklungsgeschichtlich eine Einheit. Sie gehören auch funktionell
zusammen, da ihre vehikulare Substanz identisch ist: beide betätigen sich
aufgrund chemischer Einwirkungen. Die Konzentrierung der gustatorisch-
olfaktorialen Effekte in dem Nasen-Mund-Gebiet ist eine wirbeltierische
Innovation. Nur die Wirbeltiere haben eine Nase. Daß die Zunge, die später
zum Sprechorgan des Menschen geworden ist, die Hauptwahrnehmungsstelle

des Geschmacks ist, weist allein schon darauf hin, daß die Olfaktion/Gustation (kurz: Olftation) wichtige kommunikatorischen Aufgaben wahrnehmen kann. Diese werden von Shorey folgendermaßen gruppiert:

Identitätsbestimmung von Individuen und Gruppen sowie ihres sozialen Status konspezifisch oder disspezifisch

Anregen der Zusammenkünfte von Individuen und Gruppen oder ihrer Auflösung (stimulating aggregation and dispersion)

Anregen des Sexualverhaltens

Anregen der Aggression (vgl. Shorey 1977.138)

Die Pheromem-Kommunikation ist sehr alt, sie ist vorhanden auch schon bei den primitivsten mehrzelligen Lebewesen, nicht nur bei den Tieren, sondern auch bei den Pflanzen. Vermutlich entstand sie aus Kommunikations-Ansätzen zwischen freilebenden Individualzellen, als eine Art technische Verfeinerung des Taktilzeichens. Bei dem Menschen ist der Geruchssinn subkortikal, seine wichtigsten Empfangsstellen sind im Hippocampus organisiert (Sagan 1979.66 und 3.1.6). Der Geruchs- und Geschmacksinn der ranghöheren Wirbeltiere und des Menschen ist eine stark differenzierte Realisierungsform der uralten Pheromem-Technik, die im Hinblick auf die Wahrnehmungsfähigkeit der äußeren Rezeptionsorgane (Nase, Zunge) allerdings eine Verlustmutation aufweist. Rangniedrigere Tiere haben oft einen besseren Geruchssinn als der Mensch, so z.B., wie allgemein bekannt, die Bienen und Hunde (ein Dackel hat ca. 120 Millionen, und ein Schäferhund ca. 225 Millionen Riechzellen). Beim Menschen übt das Riechorgan dagegen nur noch Unterstützungsfunktionen für das Geschmacksorgan aus. Abgesehen von der Nahrungsauswahl kommt dem Geschmack keine biologisch wichtige Aufgabe zu. Bezeichnend ist allerdings, daß in den uns bekannten Sprachen der Ausdruck für Schönheit, Vornehmheit, Anstand und verfeinerte Kultur mit dem "gustatorisch angenehmen" gleichgesetzt wird (engl. *taste*, franz. *goût*, dänisch *smak*, finn. *maku*, ung. *ízlés*); hierbei handelt es sich wahrscheinlich um späte Lehnübersetzungen aus dem Französischen, da die entsprechenden Sememe subintellektuellen Volkssprachen unbekannt geblieben sind.

Das Geschmackssinnzeichen können wir *Gustem* (gusteme), und das Geruchssinnzeichen *Odorem* (olfacteme) nennen. Sie zeigen in dem allgemeinen Sprachgebrauch nur wenig Differenzierung. Als polare Geschmacksempfindungen (Kardinalgusteme) gelten süß, sauer, bitter und salzig. Die Kochkunst des modernen Menschen kombiniert diese mit Wärme-, Druck- und Geruchsempfindungen und reizt dadurch zur Nahrungsaufnahme. Drei von den vier Kardinalgustemen, nämlich süß, sauer und bitter werden in modernen Sprachen auch für Charakterisierung von seelischen Zuständen verwendet, wobei *süß* mit 'angenehm', *bitter* mit 'schmerzhaft' gleichgestellt wird. Das Adjektiv *sauer* bezeichnet ebenfalls unangenehmes, hat jedoch stets geringere Intensitätsfülle als *bitter*. Salzig ist wahrscheinlich *die* älteste und universellste Geschmacksempfindung, weder extrem angenehm noch abstoßend, oder je nach Situation mäßig beides. Meines Wissens wird es für die Charakterisierung seelischer Zustände nicht verwendet. Die Geruchsempfindungen haben keine differenzierten Benennungen in den Alltagssprachen; solche hat man nur in der Produktionsterminologie von Parfümherstellern. Olfakteme (s. oben) können nur metapherisch treffende Bezeichnungen erhalten.

Geruche können dennoch äußerst individuell sein, in besonderem Maße bei den Tieren, oft jedoch auch bei den Menschen. Individuelle Geruche ermöglichen die Identifizierung der Person oder der Gruppenzugehörigen; für weiteres weise ich auf das Shorey-Zitat oben hin. Pheromeme sind entwicklungsgeschichtlich deshalb wichtig, weil sie die ältesten Zeichen der *Distanz*kommunikation darstellen. Ihr Nachteil ist, daß es schwierig und kostspielig ist, sie zu produzieren und wahrzunehmen. Die Wirkungsdistanz ist beschränkt, für die Wahrnehmung und nervliche Bearbeitung benötigt man längere Zeit. Die phaseologische Bedeutung der Pheromeme, insbesonders aber der Odoreme liegt darin, daß sie die Möglichkeit einer Distanzkommunikation schon in der Welt der Mikroorganismen als praktikabel auswiesen. Insofern bedeuteten sie einen echten Fortschritt im Vergleich zu der schwerfälligen Taktilkommunikation.

3. *Viseme und Audeme.* — Wir behandeln diese Zeichentypen zusammen, da es schwierig ist zu entscheiden, welche von ihnen entwicklungsgeschichtlich älter ist. Es ist hinreichend bekannt, daß die ''große Mehrheit der Tiere sowohl taub als auch stumm ist'' (Sebeok 1977.1063 nach Huxley und Koch). Lichtsammelnde und Luminiszenz nervlich verarbeitende Organe, die eine Art Vorstufe des Sehvermögens bilden, finden wir bei niederen Würmern, bei Schnecken sowie beim Lazettfischchen. Die Lichteinwirkung ist eine so universelle Erscheinung, daß sie bei den Tieren unterschiedlicher Entwicklungsstufe auch voneinander unabhängig zur Entstehung von Reizempfangsstellen führen konnte. Für das Sehvermögen dürfte demnach polygenetische Herkunft angenommen werden, worauf sonst auch die recht unterschiedliche Einrichtung der augenähnlichen Lichtempfangsstellen im Körper der niederen Tiere hinweist. Augapfel-Organe für Sehen gibt es jedoch nur bei den Wirbeltieren. Auf jeden Fall ist aber das Licht, als Gegensatz zum Dunkel, derart wahrnehmbar für Lebewesen, daß sich die Lichtzeichen oder *Viseme* für die Kommunikation geradezu anbieten. Sie sind unvergleichbar leichter zu produzieren als Pheromeme (3.3.2); sie sind bei den höheren Tieren auf

Langdistanz und binnen kürzester Zeit wahrnehmbar. Dies alles beruht auf der unglaublichen Geschwindigkeit, mit der sich Lichtwellen verbreiten. Solange die Pheromemkommunikation auf ein kleines Gebiet mit Beteiligung weniger Individuen beschränkt ist, erschließt die visuelle Kommunikation praktisch die gesamte Welt für die ranghöheren Tiere und die Menschen. Lichtzeichen werden von jeder Person und von jedem Gegenstand auch ohne Absicht (unintentionell) gesendet, sie unterliegen keiner Richtungsbeschränkung und können mit Augenaustattung leicht empfangen werden. Die Welt hat sich für den Menschen und die Tiere erst durch die Viseme erschlossen. Bestimmte Tiere haben in gewisser Beziehung besseres Sichtvermögen als der Mensch; andererseits ist aber das Wahrnehmungsvermögen des Humanauges "generalistischer": die Einschränkung der extremen Wahrnehmungsfähigkeit, die teilweise als Verlustmutation ausgelegt wird, führte zu einer Ausbalanciertheit in der Reizauswahl, die durch eine Selektion nur das Wichtige den Nervenzentren für Reaktion weiterleitet (3.1.2: Greiffilter). Sofern die Lautsprache aus der Gebärdensprache entstand, ging die Entwicklung über den Gesichtssinn. Nach der treffenden Feststellung von Wilhelm Wundt, ist der Laut zunächst einmal eine *Gebärde* (Bewegung der Artikulationsorgane Lunge, Larynx, Mund, Zunge, Lippen), die als Visem (Lichtzeichen) wahrgenommen werden kann (Wundt 1922.655 und 1.2.6, Band 1.25-27). Keine der Kommunikationskanäle ist in der Welt des Menschen so umfassend und effektiv, wie die, die mit Lichtsignalen über die Augen geht. Im Vergleich dazu ist die Gehörkommunikation, die phylogenetisch jünger zu sein scheint (und in der Lautsequenzkommunikation gewiß jünger ist), äußerst schwerfällig und nur "bedingt einsatzfähig" (s. weiter unten). Obwohl dem Menschen heute überall auf der Erde eine hochentwickelte auditive Kommunikation in der Sprechfähigkeit eigen ist, besitzt die Lichtzeichenkommunikation (also Viseme, Sicht usw.) unverändert (auch technisch-wissenschaftlich) eine breite Verwendungsskala. Echte Ideogramme, die eine lautsequenzfreie Kommunikation ermöglichen, gibt es eigentlich nur im visuellen Bereich (für ihre moderne Funktion s. meine Bemerkungen im Nachrichtenmagazin Der Spiegel Jahrg. 27, Heft 26, 23. June 1975. S. 10 sowie Antes 1976). Das wichtigste Nebenprodukt der Lautsprache, die Lautschrift, ist im wesentlichen eine visuelle (optische) Kommunikationsform. Es ist ein versteinertes Lichtsignal, das das seinem Wesen nach zeitweilige und "verklingende" Laut(sequenz)zeichen vor der Vergänglichkeit rettet. Die Ikonizitätstheorie (3.2) ist visuell fundiert, sie nimmt an, daß das Visem grundsätzlich ikonisch ist; was wir demnach mit unseren Augen wahrnehmen, ist die unanzweifelbarste Wahrheit, die unmittelbare Ein*sicht*, die keiner Enträtselung oder Erklärung bedarf. Schätzungsweise geht die Informationsvermittlung heute zu 90 bis 95% visuell vor sich. Ein großer Widerspruch der Lautsprache ist, daß sie die überwiegende Mehrheit der visuellen Wahrnehmungen durch regional recht unterschiedliche Lautzeichenbindungen verschlüsselt weiterleitet. Moderne Kommunikationstechniken tendieren lautsequenzunabhängig und visuell zu sein (Fernsehen, Computer); sie werden dadurch universeller, sprachgrenzüberschreitender und effektiver. Beispielsetzend sind in dieser Beziehung arabische Ziffern und chinesische Schrift (Direktideogramme).

Audem ist ein Geräusch-, Schall- oder Lautzeichen, das durch elastische Schwingungen von bestimmten Media (die gasförmig, flüssig oder körperfest sein können) verbreitet wird. Physikalisch gesehen ist der Verbreitungsmodus des Audems primitiver als der der Lichtzeichen. Könnte der Mensch in einem luftleeren Raum überleben, sprechen könnte er dort zu einem Partner nicht, da mangels Luft seine Laute das Ohr des anderen Anwesenden auch dann nicht erreichen würden, wenn die beiden nur einige Zentimeter voneinander entfernt wären. Laut(sprache) ist demnach vielmehr irdisch als Taktem oder Visem, die auch extraterrestral Kommunikation ermöglichen. Rein strukturell steht die Schallkommunikation den Pheromementechnik nahe: keine der beiden sind ohne Media (Gas, Luft) verwendbar. Die Produktion der Tonzeichen ist umständlicher als die der Viseme: der Emitter muß stets physische Kraft zur Betätigung bringen, deren Einsatz und Funktionssicherheit von Faktoren abhängen kann, auf die er keinen Einfluß hat. Audeme haben im Vergleich zu den Visemen eigentlich nur Nachteile. Dennoch bilden *sie* die Grundlagen der Humankommunikation, vor allem durch die Lautsprache, die völlig auf Tonproduktion und auf der Wahrnehmung von Lautzeichen durch das Gehör beruht (Stimm-Hör-Kanal).

Geräusche kann es nur dort geben, wo es auch Luft gibt. Die erste und älteste Voraussetzung der Lautsprache war also das Vorhandensein von gasförmigen, flüssigen oder festen Körpern auf der Erde, die Schwingungen vermitteln. An ihnen gab es niemals Mangel: schwingungsvermittelnde Medien entstanden mit der Erde, die ja auch selber ein großes Stück festen Körpers darstellt und vor vier, sechs oder zehn Miliarden Jahren eine Gasverdichtung war. Jeder Organismus nimmt Schwingungen auch ohne besonderes Organ mit dem Gesamtkörper auf; die unablässige Einwirkung von Schwingungen, die die Luft vermittelt, führte dann zur Ausbildung besonderer Empfangsstellen, die sich bei den Wirbeltieren und dem Menschen zu Ohren entwickelten. Ohren haben lediglich die dreieinhalb oberen Klassen der Wirbeltiere (s. Sebeok 1977.1064); nur diejenigen Tiere, die Ohren haben, sind fähig, ''Laute'' zu produzieren. Wahrscheinlich führten die Geräusche, die in der unbelebten Natur erzeugt werden (Wind, Donner, Regen, Rauschen des Wassers) zu den Schwingungen, die die Umwandlung der Gehörempfangsstellen bei den Wirbeltieren zu ''Ohren'' vorantrieben. Wie schon ausgeführt, konnte der Mensch sehr lange schon hören, als er seine ''Lautproduktion'' zu Sequenzen zusammenfügte und diese mit Bedeutung verband (s. Band 1.2.4, S. 19). Die Brandbreite der Audeme ist geringer als der Viseme, sie ist aber grundsätzlich größer als die der Takteme und Pheromeme. Der Wahrnehmungsradius des

Ḥumanohres ist auf die kleine Arbeitsgemeinschaft zugeschnitten, er ist vermutlich durch Verlustmutation verringert worden (s. 1.2.4). Ein Vorteil der auditiven Wahrnehmung ist, daß das Ohr das Schallzeichen auch ohne direktionelle Ausrichtung empfängt (1.2.4), eine Eigenart, die auch dem Geruchssinn eigen, der Taktil- und Visemkommunikation dagegen fremd ist. Allerdings kann der Emitterstandort durch die Gehör- und Geruchsorgane nicht unmittelbar ermittelt werden. Der Umstand, daß die Pheromeme und Audeme etwas mehr Zeit für die Wahrnehmung und Reaktionsauslösung benötigen, kann sich auf die Ausformung humaner Charakterwerte vorteilhaft ausgewirkt haben. *Diese* Zeichenarten zwingen uns in erster Linie zur Überlegung, Abwägung, Zurückhaltung, Kontemplation, ''Räsonierung'' und Handlungskontrolle.

3.3.4 *Voiceme.* — Voicem ist ein Audem, das der Mensch durch seine Artikulationsorgane hervorbringt (s. Band 1.2). Ursprünglich waren die Laute und Lautsequenzen, die der Mensch produzierte, nicht sehr abwechslungsreich (2.3, S. 74, Band 1). Insofern kann der Tonikonismus in der ersten Phase der Sprachemachung nur eine untergeordnete Rolle gespielt haben (3.2): in einer Epoche, in der nur der farblose reduzierte Vokal ə und sein ebenfalls farbloses konsonantisches Gegenstück ʔ zum Lautrepertoir des Menschen gehören, müßte man theoretisch jeden Begriff mit demselben Vokal und Konsonant oder aus ihnen entstandenen Lautsequenzen bezeichnen:

$$\frac{əʔ\ +\ əʔ}{VC\ +\ VC} \quad \text{oder} \quad \frac{ʔə(ʔ)\ +\ ʔə(ʔ)}{CV(C)\ +\ CV(C)}$$

Tonikonismus ist erst mit der Polyphonie möglich geworden (Band 1.77), als die Eigentonvokale *a, ä, o* und *u* usw. und eine größere Anzahl von Konsonanten schon bekannt waren (s. S. 20 oben). Die Entstehung dieser Vokale und Konsonanten muß jedoch auf eine relativ späte Zeit gelegt worden, als die Menschen vermutlich schon die Fähigkeit besassen, Begriffe auch arbiträr mit Lautsequenzen zu verbinden (3.2). Die tragende-stimulierende Kraft der Sprachentstehung waren nämlich die Begriffe, und niemals die Laute und Lautsequenzen, die nur eine Oberflächen-Projektion der ersteren (also der Sememe) darstellen (3.1.8). Nur für einen oberflächlichen Betrachter haben die Laute und Lautsequenzen eine erstrangige oder ausschließliche Bedeutung: das Wesen der Sprache liegt jedoch nicht in dem Laut oder in der Lautsequenz, sondern in den Sachen, Begriffen, Sememen, die sie bezeichnen, und die in der Tiefenstruktur (3.1.8) gelagert sind. Den Sinn der entwicklungsgeschichtlichen Aufschlüsselung (nach Taktemen, Pheromemen, Visemen und Audemen) sehen wir darin, daß sie das Vorhandensein sehr alter *Sememe* (3.4) in der Welt der Lebewesen als glaubwürdig erscheinen lassen, Sememe, die älter sind, viel älter, als der Mensch und seine Voiceme. Sie sind nicht nur in der Tierwelt, sondern teilweise auch in der Pflanzenwelt vorhanden und schließen als Emitter grundsätzlich auch die anorganische Welt ein. Dies bedeutet folgendes:

> als der Mensch im Sinne einer Massenentfaltung der Laute und Lautsequenzen zu sprechen begann, hat er schon eine sehr große Anzahl von Sememen (Begriffen, Sacheinheiten) gekannt und in seinem Gehirn gespeichert, die dorthin als Ergebnisse einer millionen-, wenn nicht milliardenjahre dauernden Entwicklung, aufgrund der Kontakte mit der Umwelt durch Takteme, Pheromeme und Naturaudeme gelangten. Diese Erfahrungseinheiten massierten sich bei den Vorfahren des Menschen insbesondere auch visuell in viel größerem Maße als bei anderen Spezies. Die "Bits" riefen nach leicht zu handhabenden Oberflächen-Projektion, die der Mensch in den Lauten und Lautsequenzen (Voicemen) fand. Er verband dann die Begriffe (Sememe) mit unterschiedlichen Lauten und Lautsequenzen, die er in seinem Klan, Stamm, in seiner Familie verbreitete, ausbaute und ständig verfeinerte.

Die semantische Seite der Sprache ist universal; völlig identisch überall in der Erdoberfläche. Darum ist es möglich, aus einer Sprache in die andere Übersetzungen zu machen. Es ist auch hinreichend bekannt, daß die Laute in allen Sprachen der Erde auf die gleiche Art und Weise gebildet werden. Die Unterschiede zwischen den Einzelsprachen beginnen in der Phonemzahl des Lautinventars und in der Kombination der Phoneme zu Lautsequenzen, die in den (ursprünglich gewiß kleinen) einzelnen Klansprechergemeinschaften spät und voneinander unabhängig (individuell) entstanden. Es gehört zu den Widersprüchen der Wissenschaft, daß den Linguisten in erster Linie die relativ einfache Oberflächen-Projektion der Sprache, nämlich die Lautstruktur und die Grammatik interessierte. In der Sprache und in der Sprachentstehung ist jedoch nicht diese relativ junge und einfache Kominatorik faszinierend, sondern die unter ihr liegende (underlying) Begriffsstruktur, die unvergleichbar älter ist als die Lautsprache; der Begriff ist nicht nur der chronologische Vorgänger und Inhalt, sondern auch die Ursache der Lautsequenz. Solange ein Semem nicht vorhanden ist, kann keine Lautsequenz dafür vorausgesetzt werden. Das verhältnismäßig spät entstandene Voicem mahnt uns besonders eindringlich, daß zwischen Begriff und Lautsequenz, zwischen Bezeichnetem und Bezeichnendem (s. Tabelle II in diesem Band, S. 24) nicht nur eine phänomenologische, sondern auch eine sehr bedeutende chronologische Diskrepanz bestehen kann. Da das Voicem relativ jung ist, gilt es wie jede technische Neuerfindung als echte Errungenschaft. Obwohl vorhumansprach-lich und auch heute *Natur*schallprodukte nur einen unbedeutenden Teil der Zeichenproduktion ausmachen, ist die menschliche Sprache akustisch fundiert

(s. auch Höpp 1970.7-8, 154) und voicemabhängig. Dies ist einer der großen Widersprüche der Natur und der Humankultur.

3.3.5 *Zeichenartkombinatorik*. — Auf einer höheren Entwicklungsstufe können Takteme, Pheromeme, Viseme und Audeme in demselben Zeichen kombiniert auftreten, wobei eines von ihnen entweder dominant oder (nach subjektivem Empfinden) alleinig relevant ist. Die Nahrungsaufnahme durch den Mund-Zungenbereich ist im wesentlichen ein Taktem, dennoch wird sie herkömmlich als eine Empfindung des Geschmacksorgans (also als Pheromem) angesehen. Ein Ineinandergreifen der Sinnesorgane wird vorzugsweise durch die Synästhesie verwirklicht, bei der der Reiz des einen Organs Reaktionen im Bereich eines anderen herbeiführen kann. Die Synästhesie soll nach der allgemeinen Auffassung bei den ikonischen Verbindungsart zwischen Semem und Lautsequenz eine Rolle spielen, wobei der sog. Lautmalerei (gegenüber der simpleren und nichtsynästhetischen Lautnachahmung) besondere Bedeutung zukäme. Bei der Lautmalerei rufen wir durch akustische Reize optische, taktile oder pheromemartige Eindrücke hervor. Die Ausdrücke *knattern, rasseln, zirpen* (s. 3.2, Zitate von Wundt) ahnen im wesentlichen nur Naturlaute der gegenständlichen Umwelt nach, sind also im Hinblick auf die Sinnesbereichkanäle "einfach." Wenn ich aber *grell* sage, charakterisiere ich durch ein *Audem* einen visuellen (optischen) Eindruck (sie trug ein Kleid in einem grellen rot). Ethologen haben festgestellt, daß

communications signals may be transmitted by chemical, mechanical, acoustical, and optical means, or by *combinations* of these (Weygoldt 1977, 301)

Nach René-Guy Busnel scheint die Zeichenartkombinatorik ein Humanzug zu sein. Die Tierkommunikation läuft grundsätzlich unvermischt durch einen einzigen Zeichenartkanal (taktil, pheromemisch, optisch, akustisch), der Humaninformationsaustausch dagegen durch simultane Kombination von Zeichen der fünf Sinnesbereiche, wobei heute Optik und Akustik (bei der Sprache beide voicemabhängig) vorherrschen. Die Synästhesie bedeutet in einer entwickelteren Humanform nicht den *Ersatz* des einen Wahrnehmungs- bereichsignals durch ein anderes, sondern ihre kombinierte simultane Verwendung. Jene spielt lediglich in der Tierkommunikation, diese in der Humanästhetik und Kunstliteratur eine Rolle (Dombi 1974). Keineswegs hat jedoch die Synästhesie mit dem Ikonismus irgendetwas zu tun. René-Guy Busnel erblickt in der Zeichenartkombinatorik nicht nur einen Humanzug, sondern eine der Grundeigentümlichkeiten der Sprache (one of the bases of language; Busnel 1977.244). Hier liegt dann ein weiterer Grund dafür vor, warum Tieren—darunter auch den "intellektuell" entwickelten Schimpansen —keine "Sprachkenntnisse" beigebracht werden können (Terrace 1980).

3.4 *Prägrammatische/prälautsequentielle Semogenese: Paläoleitsememe.*
— Weiter unten werden wir davon ausgehen, daß alle sog. *Grammeme*
(grammatische Formenelemente) aus sog. Vollexemen entstanden. Das
Begriffs- und Signalrepertoir der Tiere ist beschränkt, es umfaßt im besten
Falle 30-50 Einheiten (Sememe), die intelligentesten Primaten haben es nach
jahrelangen Schulungen (Einübungen) auf ca. 150 gebracht (Wilson 1975.183,
Busnel 1977.244, Terrace 1979). Eine solche Anzahl von Sememen vertritt
noch keinen Begriffsdruck (im Sinne von 3.1.8). Der Mensch muß schon in der
sog. prägrammatischen Zeit, als er also nur noch Vollexeme kannte, eine große
Anzahl von Begriffen in seinem Bewußtsein akkumuliert haben. Diese
Protovollexeme müßten entwicklungsgeschichtlich aufzuschlüsseln sein. Am
ältesten werden von ihnen diejenigen sein, die biologisch für die
Lebensvorgänge besondere Bedeutung haben. Ich nenne sie *Paläoleitsememe*
und führe in oppositionellen Gegenüberstellungen vier von ihnen an.

3.4.1 *warm/kalt.* — Wärme ist eine Bewegungsenergie der elementaren
Bestandteile der Materie, die durch Leitung und Strahlung verbreitet wird.
Wahrscheinlich ist das Licht (vgl. 3.4.2 unten) älter als Wärme. Dennoch ist
die Wärme bei den Lebewesen auf der Erde eine primärere Empfindung als das
Licht. Wärme ist in erster Linie ein Taktem, oder ein Beinahe-Taktem. Wir
müssen die Wärmequelle entweder berühren oder innerhalb ihres Wirkungs-
radius verbleiben (der entfernungsmäßig recht unterschiedlich sein kann), um
sie wahrzunehmen. Im Gegensatz zu der Schallverbreitung, die ja ein in der
Regel irdisches Medium wie Luft, Wasser oder Feste Körper benötigt, konnten
die Verbreitungsmodalitäten der Wärme naturwissenschaftlich nicht geklärt
werden. Die Temperatur, die bei den Lebewesen entsprechend der Art
unterschiedlich sein kann (vgl. Reptilien, Säugetiere), ist ein Phänomen des
Universums und nicht ausschließlich der Erde. Die Sonne verbreitet die Wärme
mit der Geschwindigkeit des Lichtes; ist ihre Einwirkung in der Nacht, bei der
Sonnenfinsternis oder im Winter eingeschränkt, wird "kalt". Bei "Gruppen-
bildung" (Annäherung, Zusammenschluß) von Individuen der Lebewesen
wird eine Massierung der Temperatur herbeigeführt; diese durch physische
Nähe entstandene Temperaturerhöhung wird besonders bei Kälte (in der
Nacht, im Winter) als behaglich empfunden. Diese "Wärme" kommt durch
körperliche Berührung oder Annäherung zustande, sie ist also eine Art Taktem
(3.3.1). Hier sind wir bei der natürlichen (also physischen) Quelle der Wärme
im psychologischen Sinne. Zusammensein, Umarmen, Beischlaf: das sind die
urältesten *Takteme* des Menschen, denen bei der Lebenserhaltung und
Lebenserzeugung auch heute noch eine biologische Bedeutung zukommt. Tier
und Mensch gleichermaßen schaffen sich "Behaglichkeitszonen" mit
"bandstiftender Kontaktwärme". Nestwärme, Eigenheim, Club, Partei,
Nachtlokal, verdanken ihre Existenz letzten Endes nichts anderem, als dem
wärmesuchenden Sozialinstinkt des Menschen aufgrund der uralten Erfahrung,

daß Behaglichkeit nur durch Kontakt (Taktem), durch Berührung des anderen oder durch seine einen Wärmeempfang ermöglichenden Nähe herbeigeführt werden kann. Die Temperaturreaktionen der Mikrobien und niedersten Tiere wurden schon um die Jahrhundertwende untersucht (Jennings 1976.10, 37 usw., s. 365 daselbst, Lukas 1905); Wärmequelle ist oft Ziel und Grund der Bewegung (Kinesis oder Taxis), des Abstandshaltens und der Bindung für Amöben genauso wie für die Sonnenblume. Wärme ist offensichtlich die urälteste Metapher der Tiere und Menschen, vielleicht auch schon der Pflanzen. Sie ist in allen Sprachen der Erde mit 'wohltuend' gleichgesetzt, interessanterweise auch in alten Äquatorialidiomen, in denen man eigentlich für 'kühl' eine solche Bedeutung erwarten könnte. Umarmung (huddling) und die dabei erzeugten Behaglichkeitsgefühlen bei Tier und Mensch sind der Gegenstand umfassender Untersuchungen in der modernen Psychologie (Alberts 1980). Aufgrund des Paläoleitsemems *warm/kalt* können noch prälautsequentiell Begriffe wie *gut/schlecht, positiv/negativ, friedlich/ aggressiv, ja/nein, Lachen/Weinen, Freude/Trauer* usw. entstanden sein. Die biologischen Hintergründe der *Wärme/Kälte*-Semantik und ihrer Affiliationen müssten gesondert untersucht werden. Vielleicht verhält sich die Sache so, daß die Linie Fische-Festlandtiere-Reptilien-Säugetiere-Primaten-Mensch darum eine ständige Vervollkommnung mit sich brachte, weil die jeweiligen Neuspezies stets die beste technische Lösung (Antwort) auf die Herausforderung Wärme(genuß) gefunden haben (s. Freytag 1976).

3.4.2 *hell/dunkel.* — Mythologie und Religionen betrachten Finsternis als primär und Licht als sekundär (vgl. 1 Moses 1, 1-4). Technisch-wissenschaftlich ist dies, wie auch manches andere in den volkstümlichen Kosmogonien, ein Irrtum. Finsternis ist nichts anders als eine *Vorenthaltung* der Lichtquelle und der Strahlung, die zeitlich und räumlich stets beschränkt ist. Einig sind sich Wissenschaft und Religion jedoch in der Annahme, daß das Licht den Normalzustand und seine Absenz das Ungewöhnliche bedeutet. Dies ist der klassische Fall des sog. Diskretsignals, einer uralten Form der Dichotomie (Wilson 1975.178). Wie es mit den meisten Naturreizen der Fall ist, nimmt der Mensch wegen des Greiffilters (3.1.2) nur einen Teil dessen wahr, was wissenschaftlich als Licht gilt (Humanlichtwellenlängen sind die zwischen 700 und 400 Nanometers, in Energieeinheiten ausgedrückt zwischen 1.77 und 3.1 Elektronvolts, Nassau 1980.124). Biologisch spielt das Licht in der Pflanzenwelt vielleicht eine noch größere Rolle als in der Tierwelt. Wichtige pflanzenbiologische Vorgänge, die für den Menschen nur unmittelbar von Bedeutung sind, können erblickt werden in: Photosynthese, Photophosphorierung, Lichtkeimung, Photomorphogenese, Phototropismus, Photonastie, Phototaxis, Photoperiodismus usw. Physikalisch ist das Licht ein im leeren Raum sich gradlinig verbreitende Strahlung, die als Wellenvorgang aufgefaßt wird. Das Licht ist nicht ''nurirdisch,'' es umfaßt das Gesamtuniversum; in

der Lichtkeimung der Pflanzen spielt es eine "lebenserzeugende" Rolle. Diese
Funktion übertrug man fantasierend auf die Phylogenese, und man suchte die
Entstehung des Lebens (vorwissenschaftlich: die Schaffung des Menschen und
der Tiere) durch die Verdichtung elektromagnetischer Felder in gewissen
Gebieten der Erde zu erklären (Frankenstein-Komplex, vgl. Muller 1975). Bei
keiner anderen Erscheinung ist die Diskrepanz zwischen der technisch-
wissenschaftlichen und naiv-populären Auffassung so groß wie bei dem Licht
(3.1.3). Unsere Sprachen führen primitiv-abergläubische und vorkoperni-
kanische Vorstellungen im Zusammenhang mit dem Licht fort (3.1.3). Der
Gesichtssinn des Menschen ist entstehungsgeschichtlich das komplizierteste
Rezeptionsorgan, nicht eine einzige Empfangsstelle, sondern eine Kombination
unterschiedlicher Wahrnehmungsverfahren. Die Nachtsicht des Menschen war
früher wahrscheinlich besser als heute, das plastische Sehen und insbesondere
das Farbensehen sind dagegen neuere Vervollkommnungen. Es gibt auch heute
noch Sprachen, die nur die Farbennamen *schwarz/weiß* kennen (Berlin und
Kay 1969.2), und auch solche, bei denen schwarz und weiß aus derselben
Lautsequenz entstanden (wie engl. *black* und franz. *blanch*, ung. *fekete* und
fehér, UAJb 51.53, 1979). Wie aus diesen zwei "Farbennamen" die Begriffe
für die komplizierten Teile des Spektrums abzuleiten sind, dient als Beispiel für
entwicklungsgeschichtliche Auslegung von Begriffsentstehungen (Berlin-Kay
1967). Homer benutzte nur vier Farbennamen: *leukos* 'weiß' (eig. 'glänzend',
vgl. *leuke* 'Weißpappel'), *glaukos* 'schwarz' (eig. 'augenartig, glänzend, hell'),
erythros 'rot' (eig. 'kupferfarbig, weinartig') und *chloros* 'grün' (eig.
'jugendlich-kräftig wie die Blätter eines jungen Baumes'). Ob sich hier jedoch
Benennungs- und effektive Wahrnehmungsstruktur decken, entzieht sich
unserer Kenntnis (Berlin-Kay 1969.70-71, 134-137). Es kann sich auf jeden Fall
kaum anders verhalten, als daß *weiß/schwarz* die Metapher des Paläoleitsemems *hell/dunkel* ist. Als weitere seiner Affiliationen können angeführt
werden: *Tag/Nacht, Nord/Süd, Gott/Teufel* (daraus dann *Herr/Knecht,
Himmel/Hölle, Sieg/Niederlage, Imponiergehabe/Demut*), *Übermut/Angst*,
(vielleicht nur verstärkend zu *warm/kalt*) *gut/schlecht*. Weiteres müssen hier
Spezialuntersuchungen zu Tage fördern. Das Licht ist und bleibt auf jeden Fall
das Ursymbol des Lebens auf der Erde; *warm/kalt* (3.4.1) kann auch ohne
Licht empfunden werden, Bewegung (3.4.3) dagegen nicht.

3.4.3 *gehen/stehen*. — Das Wort *gehen* steht hier stellvertretend für die
vielen Gangarten (Laufen, Fliegen, Schwimmen, Springen usw.) der
Fortbewegung (Lokomotion), die ein typisches Merkmal der frei beweglichen
Organismen ist. Es steht heute in Opposition zu *stehen*. Entwicklungs-
geschichtlich muß freilich *stehen* älter sein als *gehen*, obwohl es im
wissenschaftlichen Sinne (nach der Relativitätstheorie) keinen absoluten
Ruhezustand gibt. Jeder Gegenstand bewegt sich im Vergleich zu einem
Bezugssystem, und die frei beweglichen Lebewesen auf der Erde werden auf

der um die Sonne kreisende Erde gegen ihren Willen mittransportiert. Auch die Ortsveränderung selbst wird technisch-wissenschaftlich und volkstümlich unterschiedlich ausgelegt, wobei in unseren Sprachen überall die herkömmlichen primitiven Auffassungen das Begriffsbild bestimmen. Nach diesem letzteren Konzept gibt es unbedingt eine absolute Ruhe (Stillstand), einen festen Punkt der Orientierung im Raum. Das ist in der Regel der jeweilige Standort des Einzelnen (nach Liebrucks 1964.444: das *Hierjetztich*), von dem aus der wahrnehmbare Teil der Umgebung betrachtet und bewertet wird. Der Begriff der Beweglichkeit, die sich erstmalig durch die Opposition *gehen/stehen* in das Bewußtsein des phylogenetisch angehenden Menschen oder Vormenschen gelangte, war der erste Schritt auf dem Wege zur ''Räsonierung'' und zum vernünftigen Handeln. Das Taktem *warm/kalt* und das Visem *hell/dunkel* sind als Naturphänomena humanunabhängig und als Empfindungen daher stark emotionell; *gehen/stehen* ist dagegen anschaulich, nach Belieben wiederholbar; es ermöglicht die Kontrolle des betrachteten Gegenstandes zusätzlich durch Abtasten, Beschnuppern (Beriechen), also durch Takteme und Pheromeme. Weiter unten wird ausgeführt, daß *gehen/stehen* später die Grundlage der ältesten Grammatisierungsprozesse geworden ist (3.5). Zunächst sind aber durch Spezifizierung und Metaphern zahlreiche sekundäre prägrammatische Sememe aus ihm entstanden, zu denen die Begriffsoppositionen (Zeigwörter) *hier/dort, nahe/ferne, mein/dein* (3.4.4), *oben/unten, vorne/hinten* und *links/rechts* gehören. Eine entwicklungsgeschichtliche Einstufung dieser sekundären Paläosememe soll Spezialuntersuchungen vorbehalten werden. Mit dem Begriff *gehen/stehen* begannt die Entmythologisierung und die Entemotionalisierung des Lebens (vgl. Snell in 3.1.6).

3.4.4 *mein/dein*. — Dieser Begriff ist nach den Regeln der grammatischen Logik jünger als *ich/du*; dennoch zeigen wir ihn hier unter den primären Paläoleitsememen an, da es sich bei ihm um die Erfassung eines prähumanen biologischen Instinkts handelt, ohne den die Menschenwerdung nicht hätte stattfinden können. Die Thematik hat diffizile weltanschauliche Implikationen. Ob die Begriffe, die aufgrund des Verhältnisses *mein/dein* später zustande kamen (haben/habenichts, reich/arm, Eigentum/Mittellosigkeit, Herrscher/Untertan, recht/unrecht, Eigner/Dieb usw.) durch die gesellschaftliche Ordnung abgelehnt oder angenommen werden, gibt zu manchen Werturteilen Anlaß. Wie schon erwähnt (3.4.3), kann *mein/dein* erst entstanden sein, als *gehen/stehen* schon vorhanden war (s. hierzu auch 3.5.5). Eigentumsinstinkt ist biologisch begründet und territoriumbezogen. Tiere stecken bekanntlich Raumbezirke ab, deren Betreten für fremde Artgenossen durch Aggressionshaltung des Revierbesitzers verhindert wird. Ohne Eigenrevier wäre die biologische Reproduktion (Zeugungsvorgänge, Brüten, Geburt und Kindererziehung) nicht möglich; ein bestimmtes Territorium kann nämlich nur eine relative kleine Gruppe von Individuen ernähren (eine Familie, eine Großfamilie). Das Fernhalten der fremden Artgenossen von dem Eigenrevier dient somit der Arterhaltung. Diese These der Ethologie, die noch in den 20er Jahren in Amerika von H. W. Howard aufgestellt wurde, gilt bis heute mitunter auch für altruistisch eingestellte Verhaltensforscher als unerschütterlich (Eibl-Eibesfeldt 1976.78). Der Begriff *mein/dein* muß also früher vorhanden gewesen sein als *ich/du*; jener ist konkret, mehrdimensional und biologisch verankert, dieser abstrakt und als Identifikationsform rechtlich-sozial sowie punktuell. Für die Grenzmarkierung des Eigenreviers verwenden Tiere oft Pheromeme, erzeugt durch Defäkation, deren typischer Geruch den eindringenden fremden Artgenossen mahnt, er befinde sich in fremdem Gehege. Die Reviergrenze wird respektiert: ob Instinkt, Konvention oder Gewohnheitsrecht, dies ist die Grundlage einer altruistischen Koexistenz sowohl für einzellige Organismen als auch für die Großmächte der Weltpolitik. Es ist ein Paradoxon unserer Zeit, daß diejenigen Kräfte, die das territorial-physisch (also materiell) begründete Eigentumsrecht in Frage stellen, die Allgemeingültigkeit dieses Paläoleitsemems (wenn auch negative) rechtlich-ideologisch vielmehr herausstellen als diejenigen Gruppen, die es als inhärentes Organisationsprinzip der Humangesellschaft (nicht selten als notwendiges Übel) anerkennen.

3.4.5 *Zur Gesamtwertung.* — Die Zahl der Paläoleitsememe könnte vermehrt werden. Wenn wir behaupten, die heutige vielgesichtige Humankultur, deponiert in einem Wortschatz von mehreren Millionen Wörtern (3.5.7) aus vier Paläoleitsememen abzuleiten ist, setzen wir uns genauso Anfeindungen aus, wie diejenigen, die alle Wörter der rund dreitausend Sprachen der Erde aus vier einsilbigen Lautsequenzen (*yon, roch, sal, ber:* Marr; *ba, kall, tal, tag:* Fester, vgl. UAJb 47.240) ableiten wollten. Indem ist die Theorie, die wir hier vorlegen, noch "radikaler": wir leiten alle Sprachenwörter der Erde aus *HE/EH* ab (2.1 im Band I) und führen alle Begriffe der Welt auf nicht mehr als vier Paläoleitsememe zurück (3.4). Wie das Urlautkontinuum *HE/EH* in jedem Lautprodukt der dreitausend Humansprachen als Phonations-Grundierung anwesend ist (Band I, S. 54), so bildet das Sememkontinuum der vier Paläoleiteinheiten (warm/kalt, hell/dunkel, gehen/stehen, mein/dein) trotz den Regeln der Logik die Grundlage jedes Begriffes, den wir verwenden. Sie sind gewiß prägrammatisch, teilweise prälautsequentiell, vielleicht auch präphonationell. Die erste Reaktion der Sprachvergleicher wäre hier dann: sind diese Begriffe in der Tat so alt, dann müßten sie in den dreitausend Sprachen der Erde ähnlich lauten. Dies ist aber gewiß nicht der Fall. Die Belegung dieser Paläoleitsememe mit Lautsequenzen erfolgte spät und voneinander unabhängig in den Urklansprachen. Ihre Oberflächenstruktur ist spät und sekundär, ihre Tiefenstruktur dagegen sehr sehr alt und biologisch fundiert: jene ist vielleicht dreißigtausend, diese viele

Millionen wenn nicht Milliarden Jahre alt nicht als bewußter Begriff des Humanintellekts, sondern als Faktor der Verhaltensregelung bei dem Lebewesen. Die Lautsequenzgenese an der Oberfläche ist ihrem Wesen nach polygenetisch, die Semogenese dagegen monogenetisch und in den ältesten Einheiten (Paläoleitsememen) universell. Laute und Lautsequenzen sind veränderlich, Begriffe dagegen verhältnismäßig stabil: sie ändern sich (wenn überhaupt) nicht abrupt, sondern durch Teilung nach den Regeln der Logik in Begriffsteile und Unterbegriffe. Ihre Archimodelle können verhältnismäßig leicht rekonstruiert werden, indem man von dem Spezifischen nach den Regeln der Logik zu dem Allgemeinen zurückfindet, zu solchem Allgemeinen, das sein Zustandekommen biologischen Gegebenheiten in der Zeit der Bewußtseinsdämmerung der Lebewesen verdankt.

3.5 *Grammatische Semogenese: Grammemproduktion.* — Unser Ausgangspunkt ist, daß der Mensch auch noch nach der Einführung der Lautsequenz, des Wortbegriffes und der Wortverbindung (Syntagmata, Kompositionen) sehr lange Zeit durch Vollexeme, also ohne Grammatik, sprach. Die An- und Hintereinanderreihung des Urprotophonems *HE/EH* (2.3. Band I, S. 74) ergab zunächst Silben, und die Verbindung von Silben Wörter. Die Nebeneinanderreihung der Wörter konnte früh zur Entstehung von Komposita führen, die syntaktische Valenz besitzen und als "Syntagmata" bezeichnet werden können. Der Schimpanse Washoe hat aus *Wasser* und *Vogel* in der Gebärdensprache durch Eigeninitiative *Wasservogel* gemacht (Bedeutung: 'Ente', vgl. Fleming 1974). Wenn man eine entsprechende Anzahl von Begriffen/Lautsequenzen hat, beginnt man sie unwillkürlich zu kombinieren; das Ergebnis ist ein sich schnell vermehrender Wortvorrat. Auch wenn man schon nicht mehr als einige Hundert Vollexeme hat, wird es darunter eine kleine Gruppe von Wörtern geben, die häufig benutzt werden, und eine größere, die verhältnismäßig selten zur Verwendung kommen. Der Anstoß zur Grammatisierung, zur Suffix- und *Grammem*produktion kommt von der Frequenz, von der Massenentfaltung, von dem Massengebrauch (s. 3.1.4). Häufig gebrauchte Lexeme erhielten zunächst besonderen wortartlichen Status (Pronomina, Numeralia, Verben, Hilfsverben); danach wurden sie in Enklisis Affixe. Sie büßten dabei ihre ursprüngliche (voll)lexikalische Bedeutung ein und isolierten sich auch lautgestaltlich von ihrer früheren Form. Die Grammeme sind Regelfaktoren der Kommunikation: sie treten bei jedem Vollexem in der gleichen Form und der gleichen Bedeutung auf. Die entsprechenden Vorgänge spielten sich im Bereich jener Formkategorien ab, die wir heute Wortart und Flexion nennen. Wir versuchen sie daher, in der Ordnung dieser Formklassen, nach Möglichkeit evolutionstheoretisch, zu überblicken.

3.5.1 *Urwortart (Protowortart) und Interjektion.* — Die ältesten Vollexeme waren nach unseren heutigen Termini als "Wortarten" nicht qualifizierbar.

Die älteste Lautsequenz war "simultan" Nomen, Verb, Adverb oder "Interjektion". Eine Interjektion ist auch noch heute eine undifferenzierte Wortart, die zu gleicher Zeit ein Nomen, ein Verb, ein Adverb usw. sein kann. Das primitive Gefühlswort ist nicht *eine* Wortart, es ist die *Wortart* selber in ihrer ursprünglichen Form, die funktionell für einen ganzen Satz stehen kann. Die Interjektion ist im Emotionellen (nervlich also in der nichtdominanten Hemisphäre des Gehirns) verankert (vgl. 1.20-25), ihr stehen *alle* anderen Wortarten mit ihrer räsonierenden Semantik gegenüber:

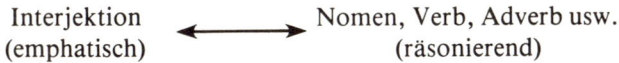

Interjektion   ⟵⟶   Nomen, Verb, Adverb usw.
(emphatisch)   (räsonierend)

Ethologen betrachten die Lautäußerungen der Tiere als interjektionell: "nur ganz ausnahmsweise beobachten wir so etwas wie ein Benennen oder sprachähnliche Mitteilungen bei ihnen" (Eibl-Eibesfeldt 1967.446, 123). Als ein ethologischer Zug der Humaninterjektionen kann die Einsilbigkeit betrachtet werden, ferner die vielfach beobachtete Erscheinung, bei ihrem lautlichen Aufbau Marginalphoneme oder ungewöhnliche Silbenstrukturen zu verwenden, die dazu dienen, die Aufmerksamkeit des Gesprächspartners in besonderem Maße zu aktivieren (Décśy 1970.13). Die verbreitete Ansicht, primitive Sprachen Afrikas oder Asiens hätten mehr Interjektionen als unsere modernen europäischen Idiome, läßt sich kaum halten. Die Natursprachen sind meistens aus Feldforschungssammlungen gekannt, die verständlicherweise *die* gesprochene Sprache registrieren; die großen Wörterbücher der Kultursprachen beruhen dagegen auf dem Schrifttum, in dem Interjektionen natürlich nur selten vorkommen. Es ist zudem äußerst schwierig, Gefühlswörter wie *Tschüss, Heißa, Pst, Plumps, bäh* usw. mit der Methode der räsonierenden Lexikographie zu deuten. Herkömmlicherweise zeigt die Interjektion einen wortartlichen oder wortartähnlichen Status und nicht einen Entstehungsvorgang nach Onomatopoesie (Lautnachahmung, Lautmalerei, s. 3.3.5) oder Verbindungsart (Ikonizität/Kausalität, 3.2) an. Wenn wir von der für die wortartliche Einstufung irrelevanten Produktionsart absehen, können wir behaupten, daß ursprünglich alle Wörter unserer Sprachen wortartlich Interjektionen waren; sie haben jedoch ihren Gefühlswert nach und nach eingebüßt und sind im Verlauf einer sehr langen Zeit mit Sachbedeutungen versehen worden. Die Interjektion ist somit mit der Urwortart (Protowortart) gleichzusetzen, die zugleich auch eine Art Urvollexem ist. Die ältesten Lautsequenzen, die im Jungpaläolithikum auf interjektioneller Grundlage entstanden, sind polygenetisch: sie sind in den verschiedenen Klansprachen als Eigenrealisierungen zustande gekommen. Hierin liegt die Vielfalt der Sprachen und die Polygenese der humanen Lautsprachsysteme begründet. Interjektionelle Wortprodukte sind oft jung und leicht erkennbar, so dt. *Krach* (zu *krähen, Kranich, kreischen, kreißen*), *Krieg* (zu *kregel*) oder finn. *kapina*

'Aufruhr' (zu *kopista* 'klopfen') usw. Heute sind die Sachbedeutungen dieser Ausdrücke jedoch so gefestigt, daß bei ihrer alltäglichen Verwendung niemand mehr an eine interjektionelle Herkunft denkt. Bei Dionysios Thrax war die Interjektion noch keine besondere Wortart, sondern eine Unterabteilung der Adverbien (Adverb: *epirrhema*, Interjektion: *schetliastikon*, Uhlig 1883.149 und 175).

3.5.2 *Wortartgenese*. — Heute pflegt man in den Grammatiken acht bis zehn Wortarten zu unterscheiden:

Nomen	Substantiv
	Adjektiv
	Zahlwort
Verb	Pronomen
Adverb	Artikel
Präposition	
Postposition	
Konjunktion	
Interjektion	

In den flektierenden Sprachen werden die Wortarten in die Unterabteilungen Deklinabilia und Indeklinabilia eingeteilt.

Die Wortarteinteilung beruht auf der griechisch-lateinischen grammatischen Tradition und ist auf die flektierenden Sprachen zugeschnitten. *Wortart* ist eine Neubildung der Junggrammatiker, früher benutzte man allgemein den Terminus *Redeteile* (nach lat. *partes orationis*, dies eine Lehnprägung zu griech. *meros tou logou*, so bei Dionysios Thrax, 1. Jh. v.Chr., Arens 1969.21, Uhlig 1883.157). Die Wortart als Funktionsklasse beruht auf Gegebenheiten, die nur in der Flexion und in der Satzverbindung erkennbar sind (vor allem in der Wortordnung: vgl. *Prä-* und *Post*positionen, Konjunktionen). Die Einteilung in Nomina (mit den Subgruppen Substantiv, Adjektiv, Zahlwort, Pronomen) und in Verben sowie Adverbien verhilft hierarchisch heterogene lexikalische und syntaktische Funktionsklassen zur Relevanz, die teilweise formalisiert sind (vgl. *König* Substantiv, *könig*lich Adjektiv usw.). Diese Funktionsklassen sind in den meisten Fällen spät, sogar sehr spät entstanden. Dazu gehört die klassische Trennung Nomen/Verbum (oder richtiger: Substantiv/Verbum), die auf dem Funktionsschema des stark flektierenden Griechischen und Lateinischen beruht. Der Normalfall scheint in den Sprachen der Erde zu sein, daß Substantiv und Verb *formal* voneinander nicht geschieden werden. Beispiele hierzu gibt es auch in heutigen Sprachen:

		Nomen	Verbum
engl.	'Verbleiben'	*stay*	(to) *stay*
ung.	'Lauern'	*les*	*les* (3. Pers. Sg. Ind.)

In der Uralistik nennt man solche zweiwortartigen Wortpaare "Nomen-verba" (Benkő 1970), ihre Zahl beläuft sich im Ungarischen auf rund einhundert (UAJb 43.159); sie sind auch im Finnischen reichlich vertreten (Hakulinen 1957.46). Ihre hohe chronologische Priorität ist unumstritten. Was nun die Wortartgenese anbetrifft: aus der angenommenen Urwortart (3.5.1) dürften zunächst als Folge der Funktionslast (häufiger Benutzung) die Pronomina und vielleicht ein Urzahlwort abgesplittert sein, da Person und Numerus auch schon bei primitiver Räsonierung eine äußerst wichtige Rolle gespielt haben. Das benutzungshäufigkeits- und funktionsmäßig Wichtige entwickelt sich in der Regel zu einer besonderen Klasse in der Grammatik, die sich auch formal eine privilegierte Behandlung abverlangt. Die ältesten primitiven (Personal) pronomina und Zahlwörter sind dann Anreger der ersten grammatischen Kategorien geworden, die in der Flexion ungeteilt sowohl das Nomen als auch das Verbum erfaßten. Das Protopersonalnomen und das Protonumerale waren zunächst einfache "Urwortarten" mit purer lexikalischer Bedeutung. Sie wurden jedoch so oft benutzt, daß sie zu "Besonderem" geworden sind: sie bleiben oft einsilbig, nahmen also an dem Silbenzahlerweiterungsprozeß der Lautsequenzen, den die ständige Vermehrung des Begriffsvorrates erforderlich machte, nicht (oder nicht immer) teil. Die Grammatik beginnt mit der wortartmäßigen Pronominalisierung und Numeralisierung, die einerseits auf dem Paläoleitsemem *gehen/stehen* (3.4.3) beruhen, andererseits die Ausgangssubstanz der zwei wichtigen grammatischen Kategorien, nämlich der Person und des Numerus abgeben, die ihrerseits wiederum die Suffixgenese in Gang brachten.

3.5.3 *Pronomengenese.* — Heute gibt es eine große Anzahl von Pronomina: *ich, du, er, wer, welche, wohin, warum, wann, mein* usw. Das stark und einheitlich gegliederte Pronomensystem der europäischen Sprachen (SAE-Bund, zum Begriff s. Décsy 1973.29) beruht auf der lateinisch-griechischen Tradition, die grundsätzlich Pronomina, Personalia, Possessiva, Demonstrativa, Relativa, Interrogativa und Indefinita unterscheidet. Der Terminus Pronomen (Fürwort) geht auf griechisch *antonymia* zurück, das auch schon bei Dionysios Thrax zu finden ist (Uhlig 1883.138 und 23). Pronomen ist entwicklungsgeschichtlich nicht eine Unterabteilung des Nomens, sondern eine ranghohe Wortart, gleich wichtig wenn nicht wichtiger als das Nomen selber. Im Gegensatz zu den Nomina oder Verba gibt es nur eine kleine Anzahl von Pronomina, die jedoch in jeder Sprache zu den Wörtern mit hoher Frequenz gehören. Moderne Semantiker stellen den Nomina (Nennwörter) die Pronomina als *Zeigwörter* gegenüber (Bühler, Slotty, vgl. Balázs 1973.221), da ihr wichtigster gemeinsamer Zug die *Deixis* (griech. 'Zurschaustellung' zu *deiknumi* 'zeigen', verwandt mit dt. *zeigen* und lat. *dico*) ist. Die Pronomina haben semantisch sich gegenseitig ausschließende polarisierte Funktionen: einerseits sind sie bedeutungsmäßig unspezifisch-allgemein, andererseits sind sie aber fähig, das Konkret-Einzelne in sich spezifischer zu erfassen als die Nennwörter. Diese sog. determinierende Funktion der Zeigwörter scheint jünger zu sein als die erstere. Um diesen etwas schwer verständlichen Sachverhalt aufzuhellen, sei hier folgendes angeführt:

> das klassische Zeigwort, das Demonstrativpronomen *dieser* oder *der* kann jeden beliebigen Gegenstand der Welt bezeichnen; insofern ist sein Begriffskreis global-umfassend. Es kann sich aber auch auf einen konkreten Einzelgegenstand hinweisen, der vor uns im Raum in erreichbarer Nähe steht. In dieser konkretisierenden Funktion schließt *dieser* alle anderen Gegenstände der Welt von dem Bezeichnungsverhältnis aus.

Eine solche auf semantische Gegenpole anwendbare Bezeichnungsfunktion ist den Nennwörtern nicht eigen. Der Artikel, der die Funktion der Determinierung (Konkretisierung/Individualisierung) in modernen Sprachen so vorzüglich erfüllt, ist aus dem Demonstrativpronomen entstanden (Décsy 1973.214). Es scheint ein Spachuniversale zu sein, daß die Determinierung (Konkretisierung/Individualisierung) durch Pronomina oder aus Pronomina entstandene Endungselemente geschieht. Hierbei kommt die deiktische Funktion des Pronomens in besonderem Maße zum Zuge.

Innerhalb der Zeigwörter zeichnen sich durch besondere formale und inhaltliche Eigenschaften die Personalpronomina und die Possessivpronomina aus: nur sie kennen die Kategorie der *Person*. Der Terminus Person geht über lat. *persona* und etruskische Zwischenstufen auf griech. *prosopon* 'Gesicht, Miene, Blick' zurück (schon bei Dionysios Thrax, Uhlig 1883.171 und 47). Der Umstand, daß die Kategorie der Person der Pronomina (Personal- und Possessivpronomina) auch bei den Verba Verwendung findet, weist auf die enge entstehungsgeschichtliche Verbindung zwischen Nomen und Verbum hin, die in der Form einer Urwortart (3.5.1) bestanden haben kann. Die Annahme einer Urwortart, die alle gegenwärtigen Redeteile beinhaltete, entbindet uns von der Pflicht, die Prioritätsfrage zu erörtern, ob Substantiv/Adjektiv (Nomen im englischen Sinne des Wortes) oder das Pronomen älter ist. Dies ähnelte ohnehin der Frage, ob das Ei oder die Henne früher sei (vgl. Wundt 1922.654).

Die Personalpronomina und die Possessivpronomina sind auf jeden Fall älter als die anderen Zeigwörter, obwohl man hier einwenden könnte, daß das Demonstrativpronomen ''simplizistischer'' sei und daher früher entstanden sein dürfte als die mit der Kategorie der Person ausgestatteten und semantisch recht komplizierten *ich, du, wir, mein, dein* usw. Man könnte die Frage jedoch auch so auffassen, daß *ich, du, er/sie/es, mein, dein* usw. nicht Glieder eines Paradigmas, sondern lexikalisch selbständige Einheiten sind, die lediglich vermöge der traditionellen Paradigmatik (recht unglücklicherweise) miteinander verbunden worden sind. Die verschiedenen Formen der Personalpronomina werden oft suppletivisch gebildet (*ich, du, er* usw.), und sie können aufgrund der eigenständigen Nominativformen voneinander unabhängig flektiert werden. *Ich* udn *du* haben miteinander nicht nur grammatisch, sondern auch semantisch wenig zu tun. Die 3. Person *er/sie/es* hängt wiederum—wie wir sehen werden—vielmehr mit allen anderen Substantiva (und Nennwörtern) als mit der 1. und 2. Person (*ich, du*) zusammen (weiter unten S. 48). Unglücklich ist übrigens auch die N u m e r i e r u n g der Personen; wenn man nachdenkt, versteht man nicht, warum *ich* 1. Person, *du* 2. Person und *er/sie/es* 3. Person ist. Hier liegt eine niemals überprüfte, schlecht gelungene Improvisierung der griechischen Grammatiker vor, die aufgrund der Ars Grammatica des Dionysios Thrax und der Schulgrammatiken Fleisch und Blut für Menschenmilliarden geworden ist. Freilich ist es besser, mit einem gut funktionierenden schlechten System zu arbeiten als mit einem theoretisch perfekten, das nur von wenigen Fachleuten oder Eingeweihten akzeptiert wird. Es gilt als ein Sprachuniversale, daß die "Personentrias" in allen Sprachen der Welt vorhanden ist, und daß ihre Hauptrealisationsform die Personenstruktur der Pronomina (Personalpronomina, Possessivpronomina) darstellt, aus der dann später in vielen Sprachen (vor allem in den für uns die Parameter abgebenden indogermanischen) die Konjugationsendungen durch Adaptation/Agglutination entstanden. Freilich gibt es Sprachen, in denen die Realisierungsformen der Personalpronomenstruktur eigenartige, für das europäische Sprachbewußtsein ungewöhnliche Züge aufweisen. Solche Sonderbarkeiten sind in der globallinguistischen Untersuchung von K. E. Majtinskaja behandelt worden (Majtinskaja 1969.47-48). Ihre Ausführungen seien hier mit einem Hinweis auf das Japanische ergänzt, dessen grammatische Eigentradition keine Personalpronomina ansetzt. Die unseren Personalpronomina entsprechenden Elemente werden in den japanischen Grammatiken oberbegrifflich als Demonstrativa (Daimeishi/Sasu-go) eingestuft (Lewin 1959.52-54). Sie bilden jedoch eine eigene Unterabteilung innerhalb der Demonstrativa ("personale Demonstrativa"). Eine wichtige Eigenart der japanischen Demonstrativa ist, daß darin nicht nur die "personalen Demonstrativa", sondern auch die realen, die lokalen und die lokaldirektionalen Demonstrativa in die Personkategorie miteinbezogen sind. Wenn man sämtliche Honorifica und "Depreciativa" (Humilifica) berücksichtigt, ergeben sich für das Japanische

14 Formen für die 1. Person (jisho), davon sind 5 sinojapanische Bildungen

19 Formen für die 2. Person (taisho), davon sind 6 sinojapanisch

18 Formen für die 3. Person (tasho), keine sinojapanischen Formen; die 8 Formen der personalen Demonstrativa 3. Person sind untergliedert im Hinblick auf das Verhältnis zum

Sprecher (kinsho): ko, kore
Partner (chusho): so, sore
Außenstehende (ensho): ka, kare, a, are

Es sei bemerkt, daß die 11 Indefinita (keine sinojapanischen Bildungen) und die 6-8 Reflexiva (davon 3 bis 5 sinojapanisch) sind in die Personkategorie nicht miteinbezogen (zu dem ganzen Problem s. Lewin 1959.52-55).

Die Verhältnisse im Japanischen und Majtinskajas Übersichten (a.a.O.) lassen die Annahme zu, daß die in den indogermanischen und den bekannten europäischen Sprachen vorhandenen Pronominalstrukturen im Hinblick auf den Umfangskreis der Personstruktur nicht immanente und universale Lösungen vertreten. Unsere (indo)europäischen Pronomina, insbesondere aber die Personalpronomina, sind simplizistisch-einfach. Sie sind aber, vielleicht eben darum, archaisch. Es ist unwahrscheinlich, daß sie das Überbleibsel eines dem japanischen ähnlichen stark ausgebauten früheren Systems darstellen würden. Deshalb gehen wir im folgenden davon aus, daß das Pronominalsystem der indogermanischen und anderen europäischen Sprachen im Grundgefüge uralt ist.

Majtinskaja wies (teilweise nach A. Sommerfelt) darauf hin, daß Pronomina in Sprachen von Australien (Aranada, zur Identifikation s. jetzt Wurm 1972.130-131) und Asien (Eskimo) etymologisch mit Wörtern zusammenhängen, die Bewegung/Ortsveränderung oder Ruhelage (s. 3.5.5) bezeichnen (Majtinskaja 1969.46-48). Obwohl dies lediglich eine lautsequenz-mäßige Verbindung zwischen *ich* und *gehen/stehen* (3.4.3) bzw. ihrer Begriffsteile bedeutet, könnte ihm auch für die prälautsequentielle Paläosemiotik eine Bedeutung beigemessen werden. Die ältesten Pronomina müssen vollexikalisch im semantischen Netzwerk der Bewegung/Ruhelage zustande gekommen sein.

Wie schon behandelt (3.4.3), ist für unsere heutigen Sprachen die Ruhelage grundlegender als die Bewegung. Nach der Evolutionstheorie und dem technisch-wissenschaftlichen Weltbild ist jedoch die Bewegung primär. Das Leben auf dem Festland stammt aus dem Meer, und das Wesen des Wassers (der Wassermenge) ist die Bewegung. Als die Vorformationen der Tiere und der (künftigen) Pflanzen das Meer verlassen haben, sind die letzteren im neuen Milieu zunächst in eine günstigere Lage geraten als die ersteren: sie (also die Pflanzen) haben auf dem Festland an *einem* Ort eine Versorgungsbasis gefunden. Dies war im Vergleich zu der ständigen Ortsveränderung im Meereswasser zunächst einmal ein Fortschritt. Die fest gewachsenen Lebewesen brauchten sich auf dem Festland nicht hin und her zu bewegen, um Nahrung zu finden. Abgesehen von den durch die Lebenszyklen usw. bedingten Bewegungen (Wachstum, Phototaxis, Windeinwirkung) führten sie keine sichtbare Bewegung aus. Für diese angenehme bewegungsfreie Lebensweise hätten die Tiere die damaligen Pflanzen beneiden müssen. Die

frei beweglichen Lebewesen waren nämlich gezwungen, ihre Nahrung durch
Ortsveränderung zu finden, wobei sie aus dem Wasserleben bekannte Technik
der Bewegung (Schwimmen) unter erschwerten Umweltsbedingungen weiter-
entwickeln mußten (zum Kriechen, und dann zum Gehen). Gewiß war für sie
die Verlockung groß, für kürzere und längere Zeit in das Wasser
zurückzukehren. Bis heute ist das Wasser, insbesondere das Meereswasser, ein
uneliminierbarer Komplex des Menschen: die Leibesfrucht (Fetus) entwickelt
sich in der Gebärmutter in einer Salzwasserlösung, deren Salzgehalt dem des
Meereswassers entspricht. Ein Teil der entwickelten Säugetiere ist dann in der
Tat in das Meer zurückgekehrt (Delphine, usw.). Diese etwas vielleicht
fabulantische Bewertung des Beginns des Festlandlebens der Tiere, der viele
hundertmillionen Jahre zurückliegt, hat auch technisch-wissenschaftlich einen
rationellen Kern. Die Bewegung auf dem Festland ist wegen der geringeren
Tragfähigkeit der Luft schwieriger als im Wasser, die Schwerkraft und damit
die Erdverbundenheit (1.3.1, Band I, S. 27) üben dort eine stärkere Wirkung
aus. Trotz der Annehmlichkeiten, die die Bewegung (Ortsveränderung, Reise,
in der modernen Welt die Touristik) bieten, ist der Ruhezustand, das Stehen
(Sitzen, Liegen) die echte Behaglichkeitsform des Menschen geblieben. Eine
Produktionstätigkeit ist nur bei einem relativen Ruhezustand und beschränk-
tem Bewegungskreis möglich. Zur Bewegung auf dem Festland benötigten wir
mehr Energie als dazu im Wasser: Energieschaffung, Erholung, Kräfte-
sammlung ist jedoch nur in Ruhelage möglich. Dennoch ist die in der
Bewegung liegende Herausforderung die Grundlage der Menschenwerdung
und damit der modernen Kultur geworden. Die primitivsten Formen der
Kommunikation, die Takteme (3.31) und Pheromeme (3.3.2) setzen schon eine
Art Bewegung voraus. Eigenartigerweise sind die höheren Formen der
Kommunikation, nämlich die Viseme und Audeme (3.3.3) sowie Voiceme
(3.3.4) auch ohne physische Annäherung des Emitters und Rezeptors
praktikabel, sie beruhen jedoch nicht nur technisch-wissenschaftlich (Wellen-
verbreitung), sondern auch nach den volkstümlichen Beobachtungen auf
Bewegungen (der Laut ist in erster Linie eine Gebärde, also eine Bewegung der
Zunge, Lungen usw., s. Wundt 1921.343).

Die beschwerliche Festlandbewegungstechnik (*gehen/stehen*: 3.4.3) ist also
ein Paläo- und Archesemem; die Unterschiede zwischen der energiever-
brauchenden (ermüdenden) Ortsveränderung und der erholsamen Muße
dürften auch schon für das sich entwickelnde Bewußtsein bei den Tieren
erfaßbar sein. Die klassische Wahrnehmungsform der Bewegung ist das Visem
(3.3.3), durch andere Zeichenarten (Taktem, Pheromem, Audem) ist sie
schwer oder nur in Sonderfällen zu erfassen. Da sich nach der volkstümlichen
Auffassung nur belebte Wesen (praktisch Tier und Mensch) ihren Standort
verändern können, ist die Bewegungsfähigkeit in unseren Sprachen gleichbedeutend mit dem Leben. Diese Erfahrung ist vielenorts ein Ordnungsprinzip
der Grammatik geworden (*animati* und **unanimati** haben teilweise

unterschiedliche Kasusendungen, so z.B. im Slawischen). Ein solches Prinzip läßt sich auch bei den Personalpronomina beobachten: *ich* und *du* sind stets auf Lebende (oder als lebend empfundene) bezogen (*animati*: 'atmende' im Lateinischen); *er/sie/es* bezieht sich dagegen in der überwiegenden Mehrheit der Fälle auf Sachen (hierzu s. weiter unten): *er* ist eine diskriminierende Versachlichung des *du*.

Die Begriffe *ich, du, er/sie/es* müssen insofern mit dem Paläoleitsemem *stehen/gehen* zusammenhängen, als sie in der ursprünglichsten Form Ortsidentifikationen darstellen. Wie die meisten außerordentlich wichtigen Strukturmerkmale in dem Sprachsystem, widersprechen auch die Personalpronomina dem Aufbauprinzip Dichotomie. Ähnlich dem Vokalsystem der meisten Sprachen (Band 1.61), sind die Personalpronomina überall *triadistisch* aufgebaut. Das Prinzip der Dichotomie kann hier auf jeden Fall durch die gut begründbare Erklärung gerettet werden, daß *ich* und *du* im Vergleich zu *er/sie/es* éine Einheit bilden:

> Anwesende (Animati)   ⟷   Nichtanwesende (Inanimati)
> 1. Person: Sprechende   3. Person: Besprochene
> 2. Person: Angesprochene

Es gibt Auffassungen, nach denen die 3. Person eine große Abstraktion ist, die als Semem später entstand als die 1. und 2. Person (s. hierzu meine Bemerkungen UAJb 46.161). Die Anwesenheitpersonen (1. und 2. Person) konnten bis zur Erfindung der Telekommunikation nur innerhalb des natürlichen Aktionsradius der Audeme (3.3.3) verwendet werden. Die Abwesenheitsperson war die dritte Person (''der dritte Mann''), ein zuvor schon bekannter ''Animatus'', der sich von dem Standort der Anwesenheitspersonen entfernte. Allein die Einsicht, daß ein solches Wesen auch nach dem Abgang existierte (und zu den Sprechenden/Angesprochenen zurückkehren konnte) verlangte schon eine entwickelte Einbildungskraft, zu der Erfahrungen lange Zeit gesammelt sowie im Gedächtnis verarbeitet werden mußten. Ob die 3. Person in der Tierkommunikation existiert oder nicht, ist eine Frage, die die Ethologen m.W. noch nicht gestellt haben. Linguisten können hier keine entwicklungsgeschichtliche Prioritäten setzen. Theoretisch könnte allerdings nicht ausgeschlossen werden, daß die 3. Person doch älter ist als *ich/du*, und die letzteren hätten sich demnach aus der ersteren abgesplittert. Die Sachweltgegenständen um uns sind doch konkreter und allgemeiner, als die Individuen von Animati, die bei der Gegenüberstellung *ich/du* als Personifikationen im Vordergrund stehen. Wenn man *ich/du* dem *mein/dein* entgegenstellt, dann fällt auf, daß diese anschaulicher sind als jene. Das Possessivpronomen wird heute oft nur als eine Sonderform des Personalpronomens angesehen; es gibt ja Sprachen, die kein Possessivpronomen besitzen (zumindest für attributive Verwendung, z.B. Ungarisch, Wogulisch, Ostjakisch, vgl. Vértes 1967.255). In der entsprechenden Funktion werden dort die Personalpronomina verwendet. Dieser Mangel, der in der uralischen Sprachen überall zu beobachten ist, spricht jedoch keineswegs gegen das frühe Vorhandensein des Besitzbegriffes, da er durch die beherrschende Stellung der Possessivflexion dort ausgeglichen wird. Der Begriff *ich/du* gilt als eine Metapher der Sememe *mein/dein*, bei dem das Besitzmerkmal nicht mehr zur Schau getragen wird. *Ich* war der Besitzende, der Reviereigner, der dem Artgenossen *du* erlaubte, sein Territorium zu betreten, weil er ihn zum Partner machen wollte. *Ich/du* ist das depossessionierte *mein/dein*, eine Art Honorificum-Kategorie, Beginn eusozialen Verhaltens, das rechtlich zwar eine Besitzbezogenheit miteinschließt, jedoch nicht betont und kränkend, sondern altruistisch.

3.5.4 *Numerusgenese.* — Technisch-wissenschaftlich ist der Numerus (griech. *arithmos*, so bei Dionysios Thrax, Uhlig 1883.140) in der Grammatik eine primitive Form des Zahlbegriffes. Zahlvorstellungen sind kulturgeschichtlich aus der Jungpaläothikum bezeugt, sie dienten kultischen und praktischen Zwecken. Ihre ethologischen Prämissen sind noch nicht untersucht worden, wir können jedoch annehmen, daß gruppentechnisch stark durchorganisierten Tierarten wie Bienen und Ameisen der Unterschied zwischen *eins* und *mehr* irgenwie "bekannt" sein muß. Die Zahl ist für uns eine unmittelbare Einsicht auf visueller Grundlage: sie im Bereich der Takteme oder Pheromeme in Erfahrung zu bringen, verlangt komplizierte Sondertechniken. Die Zahl ist die Grundlage des sozialen Verhaltens, deswegen ist es verwunderlich, daß ihr in der Soziobiologie und der Verhaltensforschung keine gebührliche Aufmerksamkeit gewidmet wurde (s. Hinde 1970, Wilson 1975). Ziffern sind für Zahlen verwendete arbiträre Zeichen; als solche dienten für den Menschen oft die beiden Hände, die fünf bzw. zehn Finger und/oder Zehen. Plural und Dual sind Grammeme für häufig vorkommende Zahlbegriffe: *zwei* war anscheinend magisch wichtig für den angehenden Menschen, und es kann als ein Oberbegriff zu *ich/du* oder *du/er* angesehen werden. Plural drückt eine unbestimmte Zahl aus, die größer ist als zwei. Diese Zahlenverhältnisse spielen eine außerordentliche Rolle im Sozialleben, insbesondere in altruistischen Gruppenorganisationen: sie haben sehr hohe Benutzungshäufigkeit. Hierin sehen wir den Grund ihrer Grammatisierung.

Es sei bemerkt, daß die Numeruskategorie, die in der Tiefenstruktur universal ist, in der Oberflächenprojektion keineswegs vorhanden zu sein braucht. Die Annahme, der Numerus sei inhärent-uralt, beruht auf Verhältnissen solcher Sprachen, für die Dual/Plural nicht wegzudenkende grammatische Kategorien sind (z.B. Indogermanisch). Wir wissen jedoch, daß viele Sprachen der Erde ohne Plural und Dual gut auskommen. Es scheint, daß die Numeruskategorie eine verfrühte Grammatisierung, eine Art semantische Frühgeburt ist aus einer Zeit, als der Mensch noch keine entwickelteren Zahlensysteme besaß. Ein einigermaßen ausgebautes Zahlensystem macht

Plural (und Dual) überflüßig. In einem technisch-wissenschaftlich elaboraten Zahlensystem (z.B. bei dem Dezimalsystem), führen Plural oder Dual zu Pleonasmen:

Zwei Mensch*en* geh*en* auf der Straße
Drei Mensch*en* geh*en* auf der Straße
Viele Mensch*en* geh*en* auf der Straße

In diesen Sätzen wird die Pluralität pleonastisch (dreimal) bezeichnet: *zwei/drei/viele* Mensch*en*, geh*en*. Technisch-wissenschaftlich ist diese Redundanz unvertretbar. Die auf kürze bedachte Militärsprache hat hier dann auch eingeführt:

Zwei Mann nach rechts
Ein Mann nach rechts
Zehn Mann nach rechts

Die Kommandos sind eindeutig, obwohl für die Variation des Ausdrucks jeweils lediglich *ein* Wort verändert wurde. Die Zahl der Sprachen der Erde, die keine Numeruskategorie in der Grammatik besitzen, scheint größer zu sein, als man vermutete (Wurm 1972.61-62). Meinerseits sehe ich keine Notwendigkeit, einen Plural für die Kasusflexion der uralischen Grundsprache vorauszusetzen (Décsy 1965.158). Der grammatisierte Numerus vertritt vorzahlbegriffszeitliche Zustände in unseren Sprachen. Computersprachen bedienen sich der Numeruskategorie nicht, sie geben die exakte Zahl im Ausdruck als Subjekt oder Attribut an. Obwohl der moderne Mensch im Dezimalsystem einen perfektionistischen Zahlbegriff besitzt, läßt sich in den europäischen Sprachen nur wenig Zeichen eines Rückgangs der Numeruskategorie feststellen. Das Dezimalsystem ist zumindest seit dem 16. Jh. Gemeingut des sozialen Lebens geworden. Dennoch lebt das Populär-Überkommene in dem Grammatiken unserer Sprachen hartnäckig unverändert fort.

B. Lewin beschreibt eindrucksvoll, wie die moderne Großsprache Japanisch ohne die grammatische Kategorie des Numerus auskommt:

Das japanische Nomen kennt keinen grammatischen Numerus. Singularische oder pluralische Bedeutung eines *meishi* [Nomens] erschließt sich aus dem Kontext. Wenn eine ausdrückliche Bezeichnung des Plurals erforderlich ist, stehen semantisch begrenzt die Mittel der Reduplikation oder der Affigierung zu Gebote, die jedoch unproduktiv sind und von denen nur selten Gebrauch gemacht wird. (Lewin 1959.44)

So bedeutet *yama* 'Berg' und *yamayama* 'Berge', *kuni* 'Land' und *kuniguni* 'alle Länder'. Suffixe (*-domo, -tachi, -gata, -bara, -shu*) oder Präfixe (*ta-, su-, sho-,* diese nur im sinojapanischen Wortschatz), die für Pluralbildungen verwendet werden, sind eher Bildungssuffixe als grammatische Zeichen (Lewin a.a.O. 44-45).

Über eine Numerusgenese können wir im Zusammenhang mit der Sprachherkunftsforschung erst sprechen, als die primitiven Zahlbegriffe in den entsprechenden humanen oder prähumanen Kleingemeinschaften schon vorhanden waren. Die Pluralzeichen, soweit noch erkennbar, müssen in Juxtapositionen aus Vollexemen entstanden sein:

Mensch + mehr	geht (+mehr)
Mensch + zwei	geht (+zwei)

Wie sich aus diese Paläojuxtapositionen die Numeruskategorien Plural und Dual dann entwickelten, ist ein Untersuchungsgegenstand der vergleichenden Grammatiken.

Eine besondere Frage stellen die Pluralformen der Personalpronomina. Es scheint, daß die oppositionellen Formen Singular/Plural in den Sprachen der Erde vorzugsweise suppletivisch sind: *ich/wir, du/ihr, er/es/sie.* Es gibt jedoch auch eine affigierte Pluralbildung vielerorts, so z.B. in der uralischen Sprachen: **me* 'ich' ~ **mek* 'wir', **te* 'du' ~ **tek* 'ihr', **sen* 'er, sie, es' ~ **sek* 'sie'. Ob die Numerusbildung der Pronomina, insbesondere der Personalpronomina, chronologisch der der Nennwörter vorangeht, ist eine Frage, die sich durch die Annahme einer Urwortart (3.5.1) erübrigt. Es geht hierbei auch sonst eher um ein philosophisches als ein linguistisches Problem. Vielleicht können hier verfeinerte psychologische und ethologische Methoden das Problem einer Lösung näher bringen.

3.5.5 *Raumkasusgenese.* — Alle Kasus, die wir in der Grammatik kennen, sind Raumkasus, oder sie entstanden aus Raumkasus. Tempus, Modus, Kausalität und Finalität (Zielsetzung), die vier klassischen übergeordneten und abstrakten Verhältnisse sind lediglich Metaphern des Raums. Die Zeit ist derart eng mit dem Raum verbunden, daß die beiden durch Minkowski und seinen Anhängern als *eine* Kategorie angesehen und mit dem Terminus *Raumzeit* bezeichnet werden (Sklar 1974.244, hier "spacetime"). Die Identität von Raum und Zeit ist eine der Grundthesen der speziellen Relativitätstheorie. Modus, Kausalität und Finalität werden in unseren Sprachen ausnahmslos durch grammatische Mittel ausgedrückt, die ihrem Ursprung nach entweder räumlich oder temporal sind. Insofern dürften wir Modus, Kausalität und Finalität als Metaphern des Raums, oder aber des Tempus ansehen, das seinerseits wiederum eine Varietät des Raums darstellt. Modus, Kausalität und Finalität sind abstrakte Formen der "Raumzeit". Diese These beruht hier nicht auf philosophischen, mathematisch-geometrischen oder physikalischen Untersuchungen, sondern auf einer simplen Betrachtung der sprachlichen Tatsachen. Die sehr komplizierte Finalität (*um zu, in order to* usw.) wird überall durch einen Kasus ausgedrückt, der Bewegung (Lativität, Navigativität) bezeichnet. Die Ausdrucksmittel der Kausalität sind ebenfalls räumlich (*wegen, für, angesichts*), es sei denn, sie sind Lehnwörter (wie *because*, im Mittelenglischen: *by cause*, wobei *cause* über Französisch aus lat. *causa* 'Ursache, Zweck, Motiv, Rechtsstreit' oder '*Gang* zum Gericht' stammt). Die Modalität, Kausalität und Finalität sind in den europäischen Sprachen verhältnismäßig spät entstanden; sie stellen eine sklavische Übernahme der im Griechischen und Lateinischen zwischen 500 v.Chr. und ca. 300 v.Chr. entstandenen Denkstrukturen dar, entweder in der Form von Lehnüber- setzungen oder (seltener) in der Form von Lehnwörtern. Die beiden europäischen Leitsprachen Latein und Griechisch (zum Begriff Leitsprache s. Décsy 1973.11) haben in keinem Bereich die Nationalsprachen der Alten Welt so nachhaltig beeinflußt wie im Ausdruck der Modalität, Kausalität und Finalität. Hier sind die europäischen Sprachen, so unterschiedlich in der Phonetik, wirklich richtig synchronisiert worden durch die Leitsprachen, die die entsprechenden Modelle kaum früher als in der hellenistischen Zeit entwickelt haben (vgl. Snell 1975.291).

Da die Nichtraumkasus bis auf wenige Ausnahmen (wie Vokativ/Imperativ, s. weiter unten) verhältnismäßig spät entstanden, und Metapher der Raumkasus bilden, sind sie für die Sprachherkunftsforschung nicht von Belang. Der Sprachherkunftsforscher hat nur die Raumkasus zu erklären, aus denen Tempus, Modalität usw. (alle abstrakten Kasus) abgeleitet werden können. Es sei bemerkt, daß auch schon das Tempus eine sehr unvollkommene Variation des Raumes ist, da es nur *eine* Dimension seiner Herkunftskategorie, nämlich das Lineare, ausdrückt. Unser Zeitbegriff ist linear (gradlinig), das Tempus hat nur *einen* Aspekt, der durch die Antonyme *vor/nach* (*hinter uns/ vor uns*) erfaßt werden kann. Aber auch diese bruchwerkartige Empfindungs- fähigkeit wird im Traum aufgehoben: in Traumbildern ist die Zeit irrelevant, geschweige denn von solchen mehr komplizierten Kategorien wie Kausalität und Finalität. Im Traum kennt der Mensch nur die Raumkategorie mit allen ihren Dimensionen; wir können im Traum anscheinend plastisch sehen, wir können dabei jedoch die ein- oder zweidimensional-lineare Zeitkategorie nicht erkennen (Ornstein 1977.104); aufgewacht, können wir uns nicht erinnern, wann ein bestimmter Traumvorgang während des nächtlichen Schlafs stattgefunden hat (Ornstein daselbst). Im Traum kehrt der Mensch also zu einem Bewußtseinszustand zurück, der im Grundgefüge subhuman ist. Es gibt Beobachtungen darüber, daß die Menschen sog. primitiver Kulturen die Zeit in unserem Sinne nicht kennen oder nicht wahrnehmen können (Palmers 1976.56). Zeitbegriff und grammatische Tempuskategorie sind demnach für uns nicht inhärent-uralt, sondern sekundär und spät; sie sind offenbar erst in den letzten Jahrhunderten durch den westeuropäischen Intellekt raffiniert hochgezüchtet worden, der das Humanverhalten inzwischen in globalem Ausmasse gleichschaltete. Das "ewige Leben", das Religionen nach dem Tode versprechen, kam und kommt bei den Volksmassen darum so gut an, weil diese Lehre den Zeitfaktor aus dem Humanbewußtsein ausschaltet. Der nervöse Mensch von heute kann eine psychische Balance oft nur erreichen, wenn er eine intellektuelle Beschäftigung mit der Zeit und ihren Affiliationskategorien —zumindest vorübergehend—aufgibt; dies ist der Fall bei einem Urlaub, bei dem Genuß von Alkohol, oder bei Ortsveränderungen in einem angenehmen Milieu, die heute von den Ärzten und zuvor von den Religionen (Wallfahrt, usw.) als "Erholung" vorgeschrieben wurden. Das natürliche Raumerlebnis heilt die krankhafte Beschaffenheit, die bei dem modernen Menschen als Folge der intellektuellen Beschäftigung mit der Zeit auftritt. Der Raum ist älter als die Zeit, ihn in Erfahrung zu bringen belastet das Gehirn nicht. Alle angenehmen Tätigkeiten sind raumbezogen; alles, was Gefahr bringt, bedrückt, von den Tausend Frustrationen des Alltages bis zu dem Tode, hat stets irgendetwas mit der Zeit zu tun. Tiere, die keinen entwickelten Zeitinstinkt besitzen, haben keine Todesangst.

Wie aus dem Paläoleitsemem *gehen/stehen* (3.4.2) ersichtlich, hat der Raumbegriff zwei Aspekte: *lativisch* und *essivisch*. Die beiden letzteren Ausdrücke werden in der Uralistik seit langer Zeit als Kasustermini benutzt, in der Indogermanistik sind sie jedoch weniger bekannt. Die uralischen Sprachen haben eine sehr große Anzahl von Kasus, für das Ungarische werden 22 bis 30, für das Finnische ca. 15 Kasus angesetzt (Lotz 1939.70, Fromm-Sadeniemi 1956.52, zum Theoretischen Sebeok 1946). Darunter befindet sich eine Reihe von Raumkasus mit weitgehend spezialisierten Bedeutungen (wie z.B. Superessiv mit der Bedeutung 'auf etwas' oder Delativ, der die lativische Relation 'auf dem...weg' anzeigt, s. weiter unten). In den ungarischen und finnischen Grammatiken des 16-18. Jh.s sind weitere bemerkenswerte Kasusnamen zu finden, so Mutativus (Szenczi-Molnár 1610.47), Meditativus, Privativus, Negativus, Factitivus, Nuncupativus, Penetrativus, Descriptivus (bei Vhael 1733.6), von denen jedoch im praktischen Gebrauch nur wenige überlebten. Die Bezeichnungen drücken sehr spezialisierte Raumverhältnisse und Abstraktvorgänge aus; sie sind geeignet, zur Ausarbeitung einer dringend notwendigen Tiefenkasuslehre Anregungen zu geben. Im Vergleich zu den uralischen Kasus sind die indogermanischen weniger spezifisch und haben eine sehr umfassende Syntax (denken wir an den Genitiv oder Ablativ im Lateinischen). Angesichts der umfassenden Obliegenheiten, die einzelne Kasus im Indogermanischen wahrnehmen können, ist es schwierig, für sie treffende Namen in der Formenlehre zu finden, da eine Benennung stets nur eine einzige Funktion anzuzeigen vermag. Wahrscheinlich war dies der Grund, warum die indischen Grammatiken nicht Namen, sondern Nummern für die Kasus verwendeten (ähnliches wird heute im Tschechischen und Slovakischen praktiziert). Griechisch hatte vier (mit dem Vokativ fünf), Latein sieben Kasus (Uhlig 1883.31). Wir führen sie hier an, da *sie* die europäische Tradition begründeten.

orthe (onomastike, eutheia)	casus rectus, nominativus
genike (ktetike, patrike)	genitivus, possessivus, patriaticus
dotike (epistaltike)	dativus
aitiatike	accusativus
kletike (prosagoreutike)	vocativus

Die Kasusnamen wurden aufgrund der lateinischen Formen in Europa bekannt. *Casus Accusativus* ist anscheinend eine Fehlübersetzung des griech. *aitiatike ptosis* (Knobloch 1.67); richtiger wäre: *casus effectivus*. Seit Quintilianus (ca. 30-96 n.Chr.) ist *ablativus* in den lateinischen Grammatiken anzutreffen; *locativus* und eine Reihe anderer Kasusnamen (s. oben) sind späte Neubildungen. Abgesehen von dem Nominativ und Vokativ, die als echte Grundformen der Urwortkategorie (3.5.1) gelten, sind alle griechischen und lateinischen Kasus aus Raumkasus abzuleiten. Die entsprechenden Erklärungen sind in den bekannten vergleichenden Grammatiken des Indogermanischen zu finden; hier soll auf diese relativ späten Entwicklungen nicht eingegangen werden. Was uns hier in erster Linie interessiert, sind die Raumkasus (unrichtigerweise manchmal auch Lokalkasus genannt), die uralt sind und als "Animalkonzepte" auch in der Tierwelt in Rudimenten vorhanden sein müßen. Hierbei muß scharf geschieden werden zwischen

Essivkasus,   Lativkasus,
die Ruhelage, Ruhezustand   und   die Bewegung bedeuten.

Anfangs sind wir mit unseren Erklärungen stets bei der Urwortkategorie: Ruhelage oder Bewegung in sich ist noch keine grammatische, sondern lediglich eine lexikalische Kategorie: Lexis bei Dionysios Thrax (Uhlig 1883.156), Lexem nach unserer Verständigung (3.6). Geometrisch gesehen ist der Punkt ein *Essiv*: die Stelle, wo man bewegungslos steht, liegt, sitzt. Sie kann technisch-wissenschaftlich im Raum durch ein dreidimensionales Koordinatensystem (x, y, z) bestimmt werden. Für den angehenden Menschen war hier das Greiffilter wohltuend involviert, das den Raumbegriff auf den Gesichtskreis beschränkte. Der Raum war ursprünglich nur insofern eine Realität, als man ihn photisch (durch die Augen, die natürliche Sicht) oder Hingehen erfassen konnte. Die Bewegung auf den Zielgegenstand hin wird durch den *Lativ* ausgedrückt (lat. *fero, ferre, tuli, latum* 'bringen'). Trotz der technisch-wissenschaftlichen Priorität der Bewegung (3.4.3, 3.53), ist in der Sprache des primitiven Menschen der *Essiv*, also die Ruhelage, die primäre Vergleichsgrundlage (der Ausgangspunkt). Eine Bewegung wird nur im

Vergleich zur Ruhelage verständlich, und jeder einfache Mensch würde ohne weiteres darauf bestehen, daß die Unbeweglichkeit ursprünglicher ist als die Bewegung. Geometrisch ist die Lage des Punktes im Raum variierbar, grammatisch ist diese Ortsveränderung, die nicht die Bewegung selbst, sondern ihr Ergebnis ausdrückt, durch verschiedene Essivformen angedeutet. Die entsprechenden Sememe sind universell in allen Sprachen der Erde vorhanden, grammatisiert-synthetisiert (3.1.5) sind sie jedoch nur in bestimmten Sprachen. Als Beispiel führe ich hier den ungarischen Superessiv an, der in den bekannteren Sprachen (so auch im verwandten Finnisch) analytisch ausgedrückt wird. Die entsprechenden Symbole sind nach Lotz 1939.66 angeführt.

	ung.	*házon*
	finn.	*talon päällä* (*katolla*)
	dt.	*auf dem Haus*

wo die ungarische Form aus *ház* 'Haus' (Nom. Sg.) und dem Superessivsuffix *-on/-en/-ön* besteht. Der Ausdruck besagt, daß der Punkt (oder ein Gegenstand) an der oberen Fläche eines Objektes so plaziert ist, daß er damit physisch in Verbindung steht. Dieser Tiefenkasus besteht natürlich auch im Deutschen und Finnischen, nur wird er dort analytisch ausgedrückt. Die superessivische Bedeutung des *-n* (*-on/-en/-ön*) ist im Ungarischen sekundär; die ursprüngliche Bedeutung des Suffixes war allgemein-essivisch, vgl. uralisch *-na/-nä* (Décsy 1965.157, dort Lokativ I genannt). Die gleiche Endung wird heute im Finnischen für die Bildung eines "Sikutivs" (vgl. weiter unten S. 63) verwendet: *opettaja* 'Lehrer': Essiv-Sikutiv *opettajana* '(er betätigt sich *als*) ein Lehrer'. Mit diesen Angaben wollten wir andeuten, wie inadäquat die Kasusnamen für die technisch-wissenschaftliche Erfassung der räumlichen Wirklichkeit sind. Derselbe Kasus wird verwendet für die Bezeichnung einer ganzen Reihe spezialisierter Raumverhältnisse: Beispiele sind hierfür aus dem Lateinischen und Griechischen gut bekannt, denken wir nur an die recht verschiedenen konkreten und abstrakten Verwendungsmöglichkeiten des lateinischen Akkusativs (vgl. Knobloch 68-75, Achmanova 77-79). In einer Tiefenkasuslehre müßten theoretisch alle möglichen differenzierten Formen des Essivs erfaßt und durch einen besonderen Namen bezeichnet werden, unabhängig davon, ob das entsprechende Semem synthetisch oder analytisch in einer gegebenen Sprache ausgedrückt wird. Hier gebe ich einige Skizzen der universellen Tiefenkasuslehre. Die im Indogermanischen nicht verwendeten Kasusnamen sind zumeist den uralischen Grammatiken entnommen (meine Neubildungen sind *kursiv* gedruckt). Symbole nach Lotz 1939.65

Essivkasus

Sie bezeichnen Ruhelage (Befindlichkeit) in sich
oder im Vergleich zu einem anderen Fixobjekt

Inessiv

Ruhelage innerhalb eines Raumes:
dt. *in* mit Dativ

Adessiv

Seitliche Ruhelage in der Nähe
eines Gegenstandes, dt. *bei*, engl.
at

Superkontaktiv

Ruhelage auf, (an der Oberfläche
eines Gegenstandes) bei unmittelbarem physischem Kontakt, dt.
auf mit Dativ, engl. *on*, synthetisiert im Ung. (s. oben unter
Superessiv)

Superessiv

Im Ung. bezeichnet der Name den
Superkontaktiv (s. oben). Ein
Gegenstand befindet sich *über*
einem anderen, wobei eine Entfernung zwischen den beiden besteht, dt. *über* mit Dativ, engl.
over, analytische Konstruktionen
sind die Regel auch in synthetischen Sprachen, vg. die Postpositionen ung. *felett*, finn. *yllä* oder
yläpuolella

Subessiv

Ruhelage unter einem Gegenstand,
wobei dahinsteht, ob ein physi-
scher Kontakt zwischen den zwei
Objekten besteht, dt. *unter* mit
Dativ, engl. *below*. Mir ist keine
Sprache bekannt, in der dieser
Kasus synthetisch ausgedrückt
wäre, im Ung. dient *alatt* und im
Finn. *alla* als Postposition für die
Bezeichnung.

Ob analytisch oder synthetisch, diese Tiefenkasus sind in allen Sprachen der Erde grammatisiert. Präzisere Standortbestimmungen sind durch lexikalische Umschreibungen oder technisch-wissenschaftliche Methoden möglich. Unter Bezugnahme auf den Greiffilterkomplex (3.1.2) können wir jedoch behaupten, daß diese fünf Standortbestimmungen der Ruhelage eines Punktes (einer Person oder eines Gegenstandes) für die alltägliche Kommunikation ausreichend sind. Was hier nicht ausgedrückt ist (z.B. die nähere Lage des Punktes innerhalb des Bezugsraumes bei Inessiv, oder die Distanzgröße zwischen den beteiligten Gegenständen bei Adessiv, Subessiv, usw.) wird aufgrund der Präsupposition (Eigeneinsicht) verständlich oder ist für die Mitteilung irrelevant.

Lativkasus

Sie bezeichnen Bewegung, wobei zwei Unterabteilungen
beobachtet werden können: Separativa und Approximativa

A p p r o x i m a t i v : drückt die Annäherung oder
das Erreichen des Zielobjektes aus

Illativ

Hinein in einen geschlossenen Raum, dt. *in* mit Akkusativ, engl. *in(to)*, synthetisch in vielen Sprachen, vgl. *ház-ba* (entstanden aus der postpositionellen Konstruktion *ház bele* 'ins Haus' im 13. Jh.), finn. *taloon* (aus *taloson*)

Allativ

In der Nähe eines Fixgegenstandes anlangen, ihn zu berühren, dt. *zu*, engl. *to* (Präpositionen), synthetisch im Ung. (*ház-hoz* 'zum Haus') und Finn. *talolle* 'id.'

Involativ

Sich auf die Obefläche mit dem Resultat physischen Kontakts niederlassen, dt. *auf* mit Akk., engl. *on(to)*, synthetisch im Ung. (*ház-ra* 'auf das Haus'), analytisch im Finn. (*talon päälle* 'id.'), wo jedoch der synthetische Allativ in sublativischer Bedeutung erscheint (*lintu lentää talolle* oder *talon päälle*). Der Involativ ist die lativische Korrelativform des Superkontaktivs.

Supervolativ

Über mit Akkusativ. Überall analytisch. Als Ergebnis der Bewegung kommt kein physischer Kontakt zustande.

Sublativ

Unter mit Akkusativ. In den bekannteren Sprachen stets analytisch, auch im Ung.

S e p a r a t i v : Drückt Abgang (Sichentfernen, Abwendung) von einem Fixobjekt aus

Elativ

Einen geschlossenen Raum zu verlassen, dt. (*hin*)*aus*, engl. *out* (präpositionell), synthetisch ung. *ház-ból* (um 1300 noch postpositionell *ház-belőle*), finn. *talosta* 'id.' (aus dem Hause')

Ablativ

Ein Mobilobjekt befindet sich in der Nähe eines Fixobjektes, ohne daß ein physischer Kontakt zwischen ihnen besteht. Das ist die Ausgangslage. Mobilobjekt verläßt die Nähe des Fixobjektes ohne weitere Zielspezifizierung. Im Deutsch und Englisch stark analytisch: *vom Hause weg, away from the house*, synthetisch im Ung. und Finn.: *ház-tól* (um 1300 noch postpositionell: *ház tőle*), finn. *talo-lta* 'id.'

Delativ

Es besteht ein physischer Kontakt auf der Oberfläche des Fixobjektes zwischen diesem und einem Mobilobjekt. Mobilobjekt verläßt diese Stelle ohne Zielspezifizierung. Im Deutsch und Englisch periphras-

tisch: von der Oberfläche eines
Gegenstandes weg (vom Dach des
Hauses weg), *away from the room*
usw. Synthetisch m.W. nur im
Ungarischen: *asztal-ról* 'vom Tisch
(weg)', im Altung. noch *asztal róla*
(postpositionell)

Entsprechend dem Schema bei den Essivkasus und der Separative könnten wir
hier noch die Tiefenkasussememe 'über dem Fixobjekt in Ruhelage sich
befindlich und von dort weg' (korrelativ zu Superessiv und Supervolativ) und
'unter einem Fixobjekt sich befindlich und von dort weg' (korrelativ zu
Subessiv und Sublativ) anführen; dies wäre aber gekünstelt, es ließen sich auch
nicht leicht geeignete Kasusnamen hierfür finden. Ich kenne keine Sprache, in
der diese Verhältnisse stabiler und beweglicher Gegenstände (Fixobjekt,
Mobilobjekt) zueinander synthetisch ausgedrückt wären, auch nicht in den
sonst synthetikfreundlichen uralischen Sprachen. Anscheinend geht es hier um
Sememe, die nicht sonderlich häufig verwendet werden.

Eine Präzisionsbestimmung des Raumes ist aus der Sicht des Menschen
eigentlich nur für den Innenraum und die Oberfläche möglich. Wenn wir uns
das Fixobjekt als ein Quader vorstellen, dann sehen wir, daß der Innenraum
von *außen* und die Oberfläche von *unten* gesehen für den Menschen
entsprechender Statur aus jedem Blickwinkel unverändert dasselbe ist.
Gleiches können wir auch vom *unten* behaupten, mit dem Unterschied, daß die
untere Fläche eines Quaders aus dem Blickwinkel des Menschen schwer zu
erreichen ist, da man sich zu ihrer Betrachtung niederbeugen muß. Noch
schwieriger ist es um die Seitenflächen *vorne, hinten, links* und *rechts* bestellt,
da sich diese nach der Gesichtsrichtung des Betrachters zwar nicht ihre Lage,
aber doch ihren "Namen" ändern. Was *vorne* ist, kann bei einer Wendung
von 180° plötzlich *hinten*, und was *links* ist, *rechts* werden. Hierin sehen wir
den Grund, warum Raumkasus für *vorne, hinten, links* und *rechts* nicht
grammatisiert werden können (zumindest nicht synthetisch). Die Namen der
Seitenflächen sind Metaphern der vier Grundausrichtungen des Human-
körpers: *vorne/hinten* und *links/rechts*, die aus der Sicht des Mobilobjekts
letzlich alle dieselbe Seitenfläche bezeichnen können. Daher müßen in der
Geometrie oder in der Navigation (Geographie) stets zusätzliche Verein-
barungen getroffen werden, welche Seitenfläche als links und welche als rechts
gilt. In der Siztordnung des Parlaments ist die politische Linke stets aus der
Sicht der Abgeordneten und nicht etwa des Parlamentsvorsiztenden links.
Oben/unten ist jedoch unter normalen Zuständen stets unverändert
oben/unten; dasselbe kann von *innen/außen* behauptet werden.

Die Opposition *binnen/außen* kann für die Humankultur als grundlegend
primär angesehen werden. Der Aufenthalt *in* einem Raum (Höhle, Schelter,

Zelt, Haus), oder vielleicht zunächst einmal nur im Eigenrevier, bedeutete Schutz gegen Witterung und Feind, die *außen* waren. Als alltäglich-natürliches Grunderlebnis ist diese Raumrelation sehr früh grammatisiert worden. Die frequenzmäßig weniger bedeutenden Raumrelationen erfuhren dagegen nur später weniger spezifische Grammatisierungen; hier sind verschiedene Sprach(grupp)en anscheinend unterschiedlich verfahren. Die Oberfläche (Superessiv, Superkontaktiv, Supervolativ) kann eine Wichtigkeit erst erlangt haben, als die Opposition *innen/außen* schon entsprechend gefestigt war. Die grammatisch unspezifizierten Lateralkasus (Adessiv, Ablativ, Allativ) setzen einen stark entwickelten Begriff *innen/außen* ebenfalls voraus. Vielleicht gehen wir nicht fehl in der Annahme, daß diese Orientierung und Navigation bedeutenden Kasus erst spät, mit dem Beginn der Produktionstätigkeit und der Arbeitsorganisation entstanden sind. Die in Frage kommenden Ausdrücke (*in, aus, auf,* usw.) wurden ursprünglich anscheinend Metaphern anderer Vollexeme oder Pronomina. Die idg. Vorformen von (*hin*)*ein ~ in* werden zu einem Pronomenstamm gestellt; *über* und *auf* hängen mit *offen* zusammen, vielleicht ein Hinweis darauf, daß das Dach des Hauses (Zeltes, der Höhle) oben eine Rauchöffnung hatte. Im Uralischen scheinen die alten Raumkasussuffixe *-na/-nä, -ta/-tä* (Essive), *-l* und *-s* ursprünglich Pronomina gewesen zu sein. Die Postpositionen der Super-Serie (Superessiv, Supervolativ) sind dort wiederum Metaphern des Wortes für 'Kopf, Haupt', deren Zustandekommen auf jeden Fall den Aufrechten Gang schon voraussetzt. Die Aufhellung dieser etymologischen Zusammenhänge muß Spezialuntersuchungen vorbehalten bleiben. Hier sei nur noch soviel bemerkt, daß die Ausdrucksvorräte der Orientierung und körperlichen Bewegung in unseren Sprachen technisch-wissenschaftlich äußerst primitiv sind (3.1.3). Es wäre lehrreich Vergleiche anzustellen, wie unpräzise im Satz *gestern war ich in der Staatsbibliothek* Raum und Zeit ausgedrückt werden. Technisch-wissenschaftlich eindeutig ist dort nur die Person bezeichnet, Raum und Zeit sind inadäquat angegeben, Modalität, Kausalität und Finalität bleiben unerwähnt. Die Mitteilung hält nur einen sehr geringen Prozentsatz dessen fest, was hierbei geschah, und was technisch-wissenschaftlich erfaßt werden kann (genaue Route zum Gebäude, Aufenthaltszeit exakt gemessen usw.). Das Greiffilter (3.1.2) schränkt hier den Mitteilungsinhalt ein, da eine vollinhaltliche Repetition zu aufwendig wäre und eigentlich zu nichts führe.

3.5.6 *Zeit, Modalität, Kausalität, Finalität: die Abstrakteme.* — Diese sind Abstraktrelationen im Vergleich zu den Raumverhältnissen. Da die Abstraktion als eine relativ späte intellektuelle Tätigkeit anzusehen ist (3.1.7), gehören ihre Produkte eigentlich nicht in die Sprachherkunftsforschung. Die obigen Abstraktrelationen, sofern sie grammatisiert sind, entstanden sicherlich spät. Was jedoch den Sprachherkunftsforscher unbedingt interessieren muß, ist die Frage, wieweit sich die Antezedenzen dieser Kategorien im ausschließlichen Raumdenken oder in der prägrammatischen Zeit, evtl. schon subhuman, nachweisen lassen. Die Ethologen behaupten, die Tiere "kennen" die Zeit: die biologischen Zyklen sind auch schon bei den Mikroorganismen und rangniedrigen Lebewesen entsprechend dem "Zeitbegriff" geregelt, wobei *Tag/Nacht, Sommer/Winter* (also die Jahreszeiten), *vormittag/nachmittag* usw. als wichtige Faktoren gelten. Freilich ist die biologisch bedingte Zeitwahrnehmung eine und das sprachlich-grammatisch elaborierte Tempussystem eine andere Sache. Tempusgrammatisierungen können kaum älter sein als die Zeit*messung*, und diese wurde anscheinend erst mit der Entwicklung des Ackerbaus in der berühmten Getreidezone (Halbmondgürtel) zwischen China und Nordafrika um 10 000 v.Chr. eingeführt (Wendorff 1980). Im Vergleich zu den Raumrelationen ist die Zeit nur in sehr geringem Maße grammatisiert. Auch Sprachen mit scheinbar komplizierten Tempussystemen drücken wichtige Zeitverhältnisse adverbiell (im wesentlichen also vollexemisch) aus: *gestern, heute, vormittag, vor zwei Stunden, morgen, übermorgen, in zehn Jahren.* Latein, Griechisch und Sanskrit täuschen zwar ein kompliziertes Konjugationssystem vor, ihre Tempora sind jedoch im Grundgefüge stets binaristisch: Gegenwart/Vergangenheit, aus denen die Teilbegriffs-Affiliationen Plusquamperfekt, Perfekt, Imperfekt, Aorist, Futur usw. leicht abzuleiten sind. Die Zeichen (marker, Charakter) der "Vergangenheit" müßten ursprünglich Lexeme gewesen sein, die Zeitbegriff bedeuteten. Es steht nichts der Annahme im Wege, daß das uralische Imperfektzeichen -*i*- (Décsy 1965.158) präprotosprachlich mit dem Wort identisch ist, das heute im finn. *ikä* 'Alter', tscheremissisch *i* 'Jahr', ung. *év* 'id.' fortlebt. Die sog. Tempuszeichen der indogermanischen Sprachen sollten im Hinblick auf solche präprotosprachlichen Vollexembedeutungen und Agglutinationsmöglichkeiten hin geprüft werden. Nicht zu vergessen ist im Zusammenhang mit der Tempuskategorie, daß viele Sprachen der Erde den Zeitbegriff nicht grammatisiert haben (so Japanisch, Chinesisch, Hopi, indonesische Sprachen). Obwohl wir in archaischen Sprachgruppen oft überraschend hohe Anzahl stark differenzierter Tempuskategorien finden (so in dem australischen "Phylum", Wurm 1972.66), ist der grammatisierte Zeitbegriff technisch-wissenschaftlich auch in den sog. Tempussprachen als recht unterentwickelt anzusehen. Trotz zahlreicher Tempuskategorien ist ein exakter Zeitbegriff im Deutschen und Englischen usw. eigentlich nur durch adverbiale Präzisierungen möglich: *gestern um 12.15 wurde der Kongreß eröffnet.* Ersetzt man *wurde eröffnet* durch *wird eröffnet* hier, würde der Aussageinhalt überhaupt nicht beeinträchtigt. Da durch *gestern um 12.15* die Zeit technisch-wissenschaftlich exakt bestimmt wird, ist *wurde* hier Pleonasmus, den nur der Usus vorschreibt. In Computer-Sprachen verzichtet man daher auf Tempuskategorien, da die nominal-adverbiale Exaktheit die verbale Ausdrucksweise entbehrlich macht. Die Teilung unseres Wortschatzes in Nomina/Verba beruht eigentlich auf der Tempuskategorie, die ein Verbalmerkmal par excellence zu sein scheint. Hierbei vergißt man oft, daß auch Nomina in Sätzen wie *Peter war gestern in* *der Bibliothek* in die Tempuskategorie miteinbezogen werden können, und zwar durch das kopulativ gebrauchte Hilfsverb *war* (*ist*).

Die Modalität ist ein Sammelbegriff, dem zahlreiche pronominale, nominale, verbale, vor allem aber adverbiale Ausdrücke untergeordnet werden können. Frequenzmäßig ist die Modalität viel wichtiger in unserem modernen Leben als die Zeit*kategorie* mit ihrer komplizierten, jedoch nicht viel sagenden Grammatik. Humankultur kommt im Begriffskreis des *Wie* zustande: die materielle Kultur, die Arbeitsorganisation, Gerätebenutzung, vor allem aber die geistigen Tätigkeiten entwickeln sich in der *Art und Weise*. Die Modalität umfaßt sowohl den nominalen als auch den verbalen Bereich, Grammatisierungen kommen bei beiden Wortarten vor. Der sog. Sikut-Kasus, der in Vergleichssätzen auftritt, ist z.B. eine *nominale* Grammatisierung der Modalität: vgl. finn. *toimii opettajana* '(er) arbeitet (betätigt sich) als Lehrer'. Alles, was auf die Frage *wie* antwortet, ist Modalität. Der Terminus *modus* stammt aus *egklisis* der griechischen Grammatiken (Uhlig 1883.144); die *Enklisis* (Enklise) 'Anlehnung, Neigung', *modus* dagegen 'Maß, Regel' bedeutete, ist der semantische Zusammenhang zwischen griechischem Vorbild und lateinischer Entsprechung nicht ganz klar. Wahrscheinlich hatte *modus* im Lateinischen des 2. Jh.s v.Chr. schon auch die Bedeutung 'Art und Weise, nach der Regel', die *Egklisis* im Griechischen nicht eigen war, insofern dürfte es sich hier um einen der wenigen Fälle handelt, in dem die Römer grammatisch kreativer waren als die Griechen (vgl. Uhligs Ausführungen 1883.145). Auf jeden Fall wurde im *Modus* (frz. *mode,* engl. *mood*) der Nachwelt ein Terminus beschert, der in den Grammatiken der europäischen Sprachen recht unterschiedliche Modalitätsbegriffe bezeichnet. Im allgemeinen wird der Modus als eine Verbalkategorie empfunden. Dionysios Thrax unterschied fünf Modi: Indikativ (horistike), Imperativ (prostaktike), Optativ (euktike), Subjunktiv (hypotaktike) und Infinitiv (aparemphatos), vgl. Uhlig 1883.47, für die deutschen Entsprechungen Arens 1969.24.

Trotz eindrucksvoller Verbalgrammatisierungen des Modus im Griechischen, Lateinischen und im Sanskrit wird die Modalität in diesen Sprachen vorzugsweise adverbiell ausgedrückt. In noch größerem Maße ist das der Fall in unseren modernen Sprachen. Echte Modalitätskasus oder Verbalmodi, die vollwertige Informationseinheiten ohne präzisierende Ergänzungen (Extensionen) ausdrücken könnten, gibt es eigentlich nicht. Der Umstand, daß Modalität sowohl durch Nomina (in der Regel in einem Kasus obliquus) und Verba (Modi) ausgedrückt werden kann, kann als eine weitere Verbindung zwischen Nomen und Verb im Sinne einer Urwortart verstanden werden. Ich zeige hier aus dem Grammatiken finnisch-ugrischer Sprachen einige Modalitätskasus an, um vor Augen zu führen, wie diese abstrakte Kategorie durch Kasus, die ursprüngliche Lokalsuffixe enthalten, ausgedrückt werden können:

finn.	Translativ	*opettajaksi*	'zum Lehrer (werden)'
ung.	Faktiv	*tanítóvá*	'zum Lehrer (werden)'
syrj.	Komitativ	*mortköd*	'mit (einem) Menschen'
ung.	Instrumental	*emberrel*	'mit (einem) Menschen'
wotj.	Prosekutiv	*tinadeti*	'von *deinem* (Hausdache)' herunter
ung.	Kausal-Final	*pénzért*	'für(s) Geld'
ung.	Soziativ	*családostul*	'samt Familie' (gehen irgendwo hin)
ung.	Temporal-Iterativ	*naponta*	'tagtäglich'

Die Angaben nach Lotz 1939.63, Fromm-Sadeniemi 1956 (Flexionstabellen), Wichmann-Fuchs 1954.139 und Lytkin 1955.137. Die Namen derselben Kasus sind manchmal unterschiedlich (vgl. Translativ/Faktiv, Komitativ/Instrumental). Weitere, noch unterschiedlichere Benennungen derselben Kasus sind zu finden bei Szenczi-Molnár 1610.47, der den Translativ/Faktiv *Mutativus* nannte, und bei Vhael 1733.7, bei dem der Instrumental/Komitativ als *Mediativus* erscheint (s. auch 3.5.4). In den bekannteren europäischen Sprachen werden die entsprechenden Formen entweder als Adverbien, oder als selbständige Lexeme angesehen. Der Kasusstatus einiger der zahlreichen ungarischen nominalen Modalitätsformen wurde von Sebeok 1946 mit Recht in Frage gestellt. Was Kasus ist und was nicht, ist in der Tat oft nur eine Frage der Konvention.

Es scheinen keine Gründe vorzuliegen, die eine Trennung der nominalen Modalität von der verbalen erforderlich machten. Konventionell ist allerdings die Moduskategorie auf das Verb beschränkt. Freilich ist es umstritten, wieviel Modi das Verb einer Spache haben kann. Das Modussystem des Lateinischen, Griechischen oder des Sanskrit in anders strukturierten Sprachen wiederfinden zu wollen, ist oft ein Ansinnen, das das Prokrustes-Bett in Erinnerung ruft. Es gibt ja reichlich Sprachen, in denen die Wortartkategorie Verb überhaupt nicht besteht, wie soll man dort dann einen Indikativ, einen Imperativ oder Konjunktiv finden? Dennoch sollte die Bedeutung des lateinisch-griechischen traditionellen Modussystems nicht unterschätzt werden, da es viel Universal-Gültiges beinhaltet. Wichtig ist darin allerdings nicht das System selbst, sondern die Tatsache der Synthetisierung des Indikativs, Imperativs, (Optativs) und Konjunktivs. Alle Moduskategorien können natürlich adverbiell-umschreibend in allen Sprachen der Welt ausgedrückt werden, auch in solchen, die das Verb als eigenständige Wortart nicht kennen. Ob eine bestimmte grammatische Kategorie synthetisiert ist oder nicht, läßt Schlüsse auf die sozialen Verhältnisse und im Zusammenhang damit die frequenzmäßige

Wichtigkeit einer bestimmten Erscheinung in einer gegebenen Sprachgemeinschaft zu. Für die Griechen und Römer war offenbar die Frage, ob eine
Tätigkeit in der Tat oder nur bedingt (möglicherweise: "konjunktivisch")
ausgeführt wird, eine sehr wichtige Angelegenheit. Diese soziale Einstellung
zur Sprache war offenbar indogermanisch, da die entsprechenden Modi im
Grundgefüge auch den anderen indogermanischen Sprachen eigen waren.
Freilich wurden vielenorts zusätzlich noch weitere Modi, manchmal mit
eigenartigen Bedeutungen kriert, so z.B. der Aorist-Optativ im Sanskrit, der
Prekativ oder Benediktiv genannt wird (Whitney 1960.202). In der
Tiefenstruktur sind die Modi sehr variabel, wir können keine einheitlich-
universellen Modi für die Sprachen der Erde ansetzen. Dies ist in der Regel der
Fall bei Begriffen, die relativ spät entstanden sind. Als eigenartiger Modus gilt
im Japanischen (und teilweise im Baskischen und vielen anderen Sprachen, so
z.B. auch im Mandarin) das Honorificum, das in der Regel als eine
Verbalkategorie verstanden werden muß. Für die Japaner ist das Honorificum
eine alles abdeckende Verbalkategorie, die das soziale Verhältnis zwischen dem
Sprechenden einerseits und dem Angesprochenen/Besprochenen (2. oder 3.
Person) andererseits zu einer steten Ausdrucksrelevanz erhebt (Lewin
1959.146-147 und 54-55). Je nach Grammatik spricht man bezogen auf die 2.
Person über Formalität, auf die (abwesende) 3. Person über Deferenz
(Deferentia, Lange 1971. IX-X). Weitere wichtige "Modi" des Japanischen
sind u.a. die Stellung des Handelnden im Geschehen (Passiv, Medium,
Faktitiv), die Gefühlsbeteiligung des Sprechenden (Dubitativ), die Willens-
beteiligung des Sprechenden (Intentional, Optativ, Nezessativ, Imperativ,
Prohibitiv) und die Urteilsbeteiligung des Ich (Negation, Assertiv, Komparativ
und Präsumptiv, vgl. Lewin 1959.146-147). Im Japanischen ist die in der
Tiefenstruktur liegende Möglichkeit der Moduskategorie gegliederter und
feinmodulierter aufgeschlüsselt als in den europäischen Sprachen. Die
Kategorie der Person, in der der Europäer eine *condition sine qua non* der
Lautsprache sieht, kommt dabei kaum zum Zuge; und die Numeruskategorie
ist dort nach der gängigen Ansicht nicht vorhanden (3.5.4). Nach meiner
Auffassung könnte man im Japanischen auch die Zeitkategorien wie
Stellenwert im Zeitablauf (Futur/Mirai, Präteritum/Kako) und die Vollzugs-
phasen im Zeitablauf (Imperfekt/Mikanryo, Perfekt/Genzai-kanryo) als
Modalitäten ansehen (Lewin 1959.146). Eine echte Tempuskategorie ist stets
nur das Präsens und das (einfache) Präteritum ohne modale Kombinationen.
Zeitformen, die Zeitablauf, Zeitphase, Zeitbeginn (Inchoativa), Verlaufsende
(Terminativa), Verlaufsart (Iterativa, Momentanea usw.) bezeichnen, sind
eher Modi als Tempora. Folgend dem japanischen Beispiel könnte man
eigentlich auch die viel behandelten *Genera verbi* des Indogermanischen
(Aktiv, Passiv, Medium-Reflexiv) als *Modi* einstufen (s. Stellung des Subjekts
im Geschehen, Lewin 1959.146). Als einen Modus würde ich auch die sog.
Erlebnisform als grammatische Kategorie ansehen, die von meinem

ehemaligen Mitarbeiter Haarmann in Deutschland als eine eurasische Isoglosse bearbeitet wurde (Haarmann 1970). Es geht hierbei um eine *Art* Berichtsform (Referatsform), die ihr Zustandekommen einem ausgeprägten Rechtssinn (juristischer Betrachtungsweise) in den betreffenden Sprachen verdankt. Die russischen Grammatiken altaischer und uralischer Sprachen nennen sie die "Kategorie der Augenscheinlichkeit" (očividnost'): hat der Sprechende eine Handlung als Augenzeuge miterlebt oder ist der Berichtsinhalt für ihn unanzweifelbar, benutzt er *eine* Form; kennt er irgendetwas jedoch nur vom Hörensagen, verwendet er eine *andere* Form (die oft grammatisiert ist, und zwar synthetisch; ins Deutsche übersetzt man dann umschreibend mit *anscheinend, wohl, man nimmt an* usw. vgl. Haarmann 1970 passim). Faszinierend an der Erscheinung ist nicht so sehr ihr Vorhandensein, sondern viel mehr ihre Grammatisierung, die eine juristisch durchmanipulierte Ausdrucksweise in der betreffenden Sprachgemeinschaft in den Vordergrund stellt. Eine derartige "Juristerei" in der Alltagssprache muß soziale Hintergründe haben.

Aufs ganze gesehen, ist die Modalität in allen ihren Realisierungsformen sekundär: teilweise so neu, daß sie noch keine Zeit hatten, grammatisiert (synthetisiert) zu werden. Die Modalität wird in hochentwickelten Sprachen durch Raum- oder Tempusmetaphern ausgedrückt; grammatische Eigenelemente, sofern vorhanden, sind "raummäßig", ganz besonders in solchen raffiniert-hochgezüchteten Kategorien wie Kausalität und Finalität. Angesichts des jungen Alters dieser Verhältnisse erhebt sich die Frage, was hat denn die Modalität mit der Sprachherkunftsforschung zu tun, und warum behandeln wir sie überhaupt hier. Dies hat einen besonderen Grund. Zwei angesehene Theoretiker, Géza Révész und Gerhard Höpp (Révész 1946, Höpp 1970), erheben die Modalität zum Tragbalken ihrer Erklärungen für die allerersten Denk- und Kommunikationsvorgänge des angehenden Menschen. Höpp hat in seinem Buch "Evolution der Sprache und Vernunft" Révész' sog. *Kontaktlauttheorie* aufgrund der deutschen Verhaltensforschung (Lorenz, Eibl-Eibesfeldt) weiterentwickelt. Ein Kontaktlaut ist für Révész zunächst einmal ein *Zuruf*, eine "an eine mehr oder weniger bestimmte Gruppe gerichtete, triebhaft fundierte, unartikulierte Lautäußerung, mit der Tendenz, die Erfüllung des aufgetauchten Begehrens zu erwirken" (Révész 1970.190). Nach einer gewissen Entwicklungszeit wurde der Zuruf zum *Anruf*, der nicht mehr an eine Gruppe, sondern an ein Einzelwesen gerichtet ist. Man sondert also hierbei das Individuum aus der Gruppe aus (Révész 1946.194). Aus dem Anruf entsteht dann das *Wort*, das in der Anfangsphase der Entwicklung vokativisch-imperative Züge hat (Révész 1946.215). Dies dürfte grundsätzlich mit unserer Urwortkategorie (3.5.1) gleichgesetzt werden. Höpp nennt diese Urwortart *Einerspruch* (Höpp 1970.7), der in der Anfangszeit überindividuell (rein sozial) ist. Das Individuum wird aus dem "Kontinuum" des sozialen Gefüges durch die (oder infolge der) Kommunikation ausgesondert. Der Sprechende selber ist ohne Zweifel ein Individuum, auch schon als Zurufer oder Anrufer. Seine Anrufe (Einersprüche) ergehen an die Gesamtgruppe, deren potentielle Individuen vorerst als Personen unerkannt, d.h. "Anonymi" sind. Dem Anruf/Befehl fügt sich die ganze Gruppe. Nach einer gewissen Zeit entsteht jedoch in der Gruppe Widerstand gegen die Befehle des Anrufers. Der Anrufer (nennen wir ihn Alpha) muß den Aufsässigen reglementieren, dazu muß er ihn identifizieren und mit einem Namen versehen. Der Name ist für Höpp offenbar älter als das Appellativ. Das Individuum wird durch die Aufsässigkeit "erzeugt", zur Kenntnis genommen, geachtet, da er in der Gruppe die Funktionen des Alpha ausüben möchte. Man nennt ihn Beta, Gamma, Delta..., und wenn er das (alte) Individuum Alpha stürzt, *Alpha*. Sodann wird die Aufsässigkeit selber als Metapher *Beta* (als Appellativ, selbstverständlich *beta*) genannt. Der Vorgang wiederholt sich millionenfach in den angehenden Humanklanen (zum Begriff "Repetition" philosophisch und erzeugungstechnisch s. 3.2.2 oben und Austerlitz 1980). So wurden die "Individuen" geboren, teilweise gewiß schon prähuman, maßenhaft jedoch erst mit dem Menschen; Millionen Lucifers, die die Anonymität des simplen Gruppenangehörigen verwarfen und sich als Aufsässige individuelle "Namen machten" (vgl. die treffende Formulierung bei Illies 1975.60). Révész' Anruf—der an ein Individuum gerichtete Befehl—wird von Höpp *Zweierspruch* genannt: der Diskurs zwischen *Alpha* und dem sich auflehnenden *Beta, Gamma, Delta* wird zum Beginn der Humankommunikation. Er enthält vokativische Elemente (*He dort, hör mal zu,* später dann: *Beta, pass auf*), aber auch eine verbale Weisung, die zum ordnungsgemäßen Verhalten (und damit zur Tätigkeit) auffordert. Somit spalten sich die ältesten Lautäußerungen (früher vielleicht auch schon die Gebärdesignale) zu *Namen* und *Tätigkeitswörtern*. Namen und Nomen sind schon bei ihrer Geburtstunde individuell, die Tätigkeit ist dagegen allgemein-sozial: für Namenlose und Benannte, für die Gesamtheit und die Einzelnen, unterschiedslos dasselbe. Die Nomina sind deshalb vom Anfang an individuell, determiniert und determinierend, auf eine einzige Person bezogen, die Tätigkeiten dagegen unindividuell, sozial: nur im Gemeinwesen sinnträchtig und praktikabel. Der Zerfall der Wörter zunächst einmal in die beiden klassischen Wortartkategorien Nomen/Verb war demnach ursprünglich eine von den sozialen Verhältnissen getragene rein semantisch-lexikalische Angelegenheit, der erst später eine formalisierte Spaltung folgte. Der Infinitiv, der als Symbol der Verbalität gilt, ist—wenn überhaupt vorhanden—in allen Sprachen sekundär. Wir können weder für die indogermanische, noch für die uralische Grundsprache einen einheitlichen Infinitiv ansetzen. Bekanntlich entsteht er aus Lokalkasus und drückt im Satz vorzugsweise Finalität aus—eine hochgezüchtete späte Kategorie.

Nach Révész und Höpp soll also Imperativ älter sein als Indikativ. Dies überrascht uns vor allem darum, weil wir aufgrund der lateinisch-griechischen grammatischen Tradition gewöhnt sind, den Indikativ, also die neutralsachliche Mitteilungsform, als die primäre Gestalt der sprachlichen Information anzusehen. Die Frage, ob die ältesten Lautäußerungen (oder: Gebärden) des angehenden Menschen in der Tat stets Willensaktbekundung bedeuteten, läßt sich nicht beantworten. Bis heute sind wir uns nicht im klaren darüber, ob ein Imperativ in der Tat stets ein Kommando des Stärkeren ist, das der Schwächere zu befolgen hat. Wenn wir dem Prinzip der Evolutionslehre beipflichten, dann muß für die ältesten Kommunikationsvorgänge eine undifferenzierte Urmodalität angesetzt werden, die nach den später zustande gekommenen Verbalmodi Indikativ/Imperativ nicht geteilt oder bewertet werden kann. Begriff und Phaseologie des Willens sind auch sonst stark umstritten. Ethologen erkennen deutlich Willensbildungen auch in der Tierwelt. Bruno Snell betonte dagegen (auch noch im Jahre 1972), daß "die Griechen noch keine Vorstellung vom Willen gehabt hätten" (Snell 1975.291). Demgegenüber hat K. von Fritz zwischen 1943 und 1946 in mehreren Aufsätzen versucht aufzuzeigen, daß "voluntative Elemente" auch schon bei Homer erkennbar sind (in: Gadamer 1968.253). Er weist nach, daß griech. *noein* neben 'eine Situation zu erkennen' auch die grundlegende Bedeutung 'planen, eine Absicht haben' eigen war (in Gadamer 1968.260, vgl. auch Hofmann 1966.219). Es wäre auch schwierig Voluntarismus einer Sprache abzusprechen, deren Grammatik ein synthetisches Futur besitzt. Daß Zukunft und Wollen miteinander verknüpft sind, beweisen sonst auch zahlreiche Futurbildungen mit dem Hilfsverb *wollen* (Deutsch, Englisch, Bulgarisch usw.). Der Sememkomplex *wollen* ist in den Sprachen der Erde derart vielschichtig, daß es schwierig ist, alle seinen gegenwärtigen Realisierungsformen aus einem einzigen Begriff (Urbegriff) abzuleiten. Im Deutsch hängt *wollen* mit *Wahl* und *wohl* zusammen, was an verhängnisvolle uralte Verbindungen erinnert. Im übrigen kann auch eine Indikativform einen Befehl ausdrücken. Es war aber sicherlich ein langer Weg für den Menschen, von dem Urimperativ von Révész und Höpp zu dem kategorischen Imperativ von Kant zu gelangen.... Ethologisch ist der Wille anscheinend doch älter als man bisher angenommen hat; als Bewußtseinselement der Humanpsyche ist er jedoch spät. Ob es richtig und möglich ist, ihn nach Schopenhauer, Révész und Höpp zu einem ausschließlichen Erklärungsprinzip zu erheben, soll gesondert untersucht werden, wobei noch zu ermittelnde ethologischen Antezedenzien ausschlaggebende Rolle spielen werden. Wille ist auf jeden Fall ein Phänomen, das nur im sozialen Kontext greift.

3.6 *Lexemgenese.* — Unsere Humansprachen bestehen in erster Linie aus Wörtern. Lexeme (nach griech. *Lexis* 'Wort') nennen wir hier solche Lautsequenzen, die sog. "volle" Bedeutung haben und in den Wörterbüchern als besondere Stichwörter registriert werden. Die Zahl der grammatischen Elemente (Grammeme) ist in jeder Sprache beschränkt; auch in einem solchen stark synthetisierten Idiom wie Ungarisch können wir höchsten mit einigen

Tausend Flexionsendungen rechnen (das Nomen hat in dieser Sprache 1176 flektierte Formen vgl. Décsy 1964.312). Diese Zahl ist zwar hoch, dennoch verschwindend klein im Vergleich zu der Unmenge von Lexemen in unseren Sprachen.

Wenn wir in Webster's bekanntem Großwörterbuch, das rund 500 000 (halbe Million) Lemmata auflistet, für jedes Wort im Durchschnitt vier Bedeutungen annehmen (das Verb *get* hat dort zumindest 30, *glover* 'Handschuhmacher' dagegen nur eine einzige), kommen wir auf zwei Millionen Lexeme in der englischen Sprache (zum Theoretischen der Schätzungsweise s. Décsy 1973.220). Demgegenüber stehen kaum mehr als rund 60 Grammeme, die im modernen Englisch verwendet werden. Ob synthetische Sprache (wie Ungarisch) oder analytische Sprache (wie Englisch), ist das Wortinventar dem Grammeminventar quantitative weit überlegen. Ohne Grammatik können wir sprechen, ohne Lexeme dagegen nicht. Die grammatischen Formenelemente entstanden überall aus Lexemen; jene sind also entwicklungsgeschichtlich jünger als diese. Diese sog. Adaptionstheorie, die von Alfred Ludwig (1832-1912) in Wien ausgearbeitet wurde, ist die Grundlage jeglicher Grammatisierung (s. Knobloch 1.32). Es ist bemerkenswert, daß Pidginisierungen und Kreolisierungen lediglich die Grammatik, nicht jedoch den Lexemvorrat abbauen (Décsy 1973.243). Moderne Kunstsprachen, darunter die sehr erfolgreiche internationale Sprache Esperanto, zählen die Grammatiklosigkeit zu ihren Vorzügen. Computers haben keine Grammatiken; umso größer ist die Zahl der ''Bits'' bei ihnen, die jeweils nur eine alleinige präzise Bedeutung haben und den Vollexemen der Natursprachen gleichzusetzen sind. Lexeme werden in den modernen Sprachen am laufenden Band erzeugt, wenn neue Begriffe in der Sprachgemeinschaft auftauchen; in gewissen Sprachen wird die Neuwortproduktion von Zeit zu Zeit (manchmal jährlich, vgl. CBC News Almanac 1978.760-761) registriert (für Russisch s. Kotelovyj 1973). Die ureigenste und wohl älteste Form der Neuwortproduktion ist die semantische Metapher (s. Sacks 1979, Brooke-Rose 1958); völlig neue Laute oder Lautsequenzen für Begriffe zu erfinden ist heute nicht üblich, wenn man von solchen Formen wie *Radar* (*R*adio *D*etection *a*nd *R*anging), *Laser* (*L*ight *A*mplification by *S*timulated *E*mission of *R*adiation) und von den Geheimsprachen von Schülern, Kleinkindern, Gefängnisinsassen usw. absieht (Bausani 1970). Der natürlichste Weg der Wortschatzbereicherung ist heute das Lehnwort und die Lehnübersetzung. Bezeichnend ist, daß die Plansprachen (wie z.B. Esperanto) aus Wörtern von Natursprachen ihren Eigenwortschatz aufzubauen pflegen; eigene Lautsequenzproduktion wird bei ihnen selten verwendet.

Das Alpha und Omega der Sprachherkunftsforschung scheint das Problem zu sein, wie die ältesten Begriffe (nach unserer These die Paläoleitsememe nach 3.4) von den Jungpaläolithikern mit Lautsequenzen belegt worden sind. Ist unsere Theorie richtig, dann müßten die ältesten Sememe in jeder Sprache der

Welt jeweils auf eine einzige Urlautsequenz zurückzuführen sein. Dies ist aber offensichtlich nicht der Fall. Die sonst verdienstvollen Versuche von Rossi und Wölfel, einen archaischen Begriffsvorrat auf der Linie der Lautsequenzen in die Ur- und Vorzeiten etymologisch zurückzuverfolgen (Rossi 1962, Wölfel 1955), müssen als gescheitert angesehen werden. Auch eine globale Wort- und Namenvergleichung, wie sie Marr und Fester praktiziert haben, führte zu keinen ernst zu nehmenden Ergebnissen (Fester 1973, s. UAJb 47.239-240). Die Vielfalt läßt sich dadurch erklären, daß die Lautsequenzsetzung in den ursprünglichen Klansprachgemeinschaften des Jungpaläolithikums voneinander unabhängig und verhältnismäßig spät erfolgte. Die Wurzeln und Stämme, die für das Indogermanische von Pokorny und jetzt von Calvert Watkins angesetzt werden (AHD, Appendix), oder die uralischen Rekonstruktionen von Lakó und Rédei (LR), sind gewiß alt, sie sind jedoch nicht die Direktfortsetzungen der ältesten Laut- oder Lautsequenzproduktion der Jungpaläolithiker aus dem dritten oder vierten Jahrzehntausend vor Christus. Bei ihrer Entstehung zwischen 40 000 und 30 000 vor Christus war die Humansprache nicht ein System, sondern ein Prinzip, das zehn bis zwanzigtausendjahrelang in den Klansprachgemeinschaften zwar ähnlich gehandhabt, jedoch in unterschiedlichen Kombinationen an der Oberfläche projektionell realisiert wurde. Im Band I dieses Werkes habe ich den "Beginn der Ausbildung der gegenwärtigen Sprachfamilien wie Indogermanisch, Uralisch, Semitisch, usw." auf 20 000 v.Chr. gesetzt (S. 11). Ich bin auch heute der Ansicht, daß diese Schätzung richtig ist. Die Vollexemproduktion, aufgrund dessen dann die Grammemgenese durchgeführt wurde, nahm gewiß 10 bis 15 000 Jahre in Anspruch. Die Lautsequenzunterschiede sind zwischen Uralisch, Indogermanisch und Semitisch sowohl in der Lexemik als auch in der Grammatik so groß, daß ich jegliche genetische Verbindung zwischen diesen drei Sprachfamilien ausschließen möchte (s. näher Décsy 1980). Die geringfügigen lautsequentiellen Gleichklänge der Oberflächenprojektion zwischen Indogermanisch und Uralisch sind wohl nur Spiel des Zufalls. Die rund dreitausend Sprachen der Erde sind in der Tiefenstruktur miteinander aufs engste verbunden, in der Semantik gibt es nur eine einzige Humansprache. Auch die Laut*inventare* und die Produktionsvorgänge der Laute und die Lautinventare zeigen nur eine sehr geringe Variabilität. Diese Qualitäten sind monogenetisch-universell und biologisch-anatomisch-nervlich verdrahtet. Die Lexeme und die aus ihnen entstandenen Grammeme sind jedoch als Lautsequenzprodukte polygenetisch: sie sind unterschiedlich in den Sprachen und Sprachfamilien der Erde. Diese Zusammenhänge zu verfolgen ist jedoch nicht die Aufgabe der Sprach*herkunfts*forschung, sondern der Präproto- und Protolinguistik sowie einer globalen Sprachvergleichung im Rahmen der Universalienforschung.

Nachwort

Die im I. Band mit Nachdruck vertretene These, daß die Humanpolyphonie aus einer ethologisch begründbaren Laryngalmonophonie entstand, ist bekanntlich nicht neu: im Indogermanischen bildet sie die Grundlage der Laryngaltheorie, und auch in der allgemeinen Sprachherkunftsforschung ist sie wiederholt vorgetragen und teilweise detailliert ausgeführt worden (vgl. wenigstens Fazekas 1954, Rossi 1962.52). Die Rezensenten des I. Bandes (vgl. Kratylos 23.164/1977, IF 82.241/1977, Die Sprache 24:1.56/1978) haben gegen die Priorität der Kehlkopflautbildung keine ernsthaften Argumente vorgebracht. Einen Eckstein der Lautsprachentstehung bildet die von Farkas v. Kempelen schon im Jahre 1791 vorgelegte Feststellung, nach der nur der Mensch ist fähig, die Atemluft durch den Mund zu leiten und dadurch Orallaute zu produzieren (Band I, S. 71). Ich hebe dies hier darum hervor, weil diese wichtige Erkenntnis auch in der vergleichenden Tier-Mensch-Anatomie in der Regel unberücksichtigt bleibt.

Die Human- und Zoosemiotik sind sich rapide entwickelnden Gebiete der Kommunikationsforschung (vgl. Eco 1976 und Sebeoks zahlreiche Artikel im Literaturverzeichnis). Für diese Arbeit waren in erster Linie die ethologischen Beiträge auszuwerten. Die Informationseinheitproduktion (Bit-Bildung) ist gewiß älter als die Lautsprache, sie muß zudem in der Anfangsphase der Sprachentstehung nach einfacher Mechanik funktioniert haben. Hierzu boten die recht esoterischen neusemiotischen Theorien amerikanischer Linguisten nur wenig aufschlußreiches. Abgelehnt wurde in dieser Arbeit die Tonikonizität als ausschlaggebender Förderfaktor bei der Lautsprachentstehung. Die dreitausend Lautsprachen der Erde sind alle lautsequenzgebunden: ihr natürliches Kommunikationsmedium ist der sog. Stimm-Hör-Kanal, der seinerseits in erster Linie akustische Signale verwendet. Die Ikonizität ist nach Auffassung des Autors eine photische (visuelle, optische) Angelegenheit. Es scheint ein unbewältigbares Unterfangen zu sein, die Lautsprache ikonisch (also visuell) zu deuten und ihre Herkunft aufgrund photischer Antezedenzen erklären zu wollen. Die Tonikonizität droht ein neues Trugbild der modernen Sprachwissenschaft zu werden, dem in den 80er Jahren vermutlich eine ganze Schar Junglinguisten nachjagen wird (vgl. Language 56.515, 1980). Das Lautikon ist, streng genommen, eine Quadratur des Kreises. Dies bedeutet freilich nicht, daß ich die außerordentliche Bedeutung der Ikonizität in modernen Kommunikationssystemen nicht erkannte. Nur ist für mich die Ikonizität auf den visuellen Wahrnehmungsbereich beschränkt.

Obwohl die Informationseinheiten, die wir in unserem Gehirn speichern, zumindest zu 90% visuell sind, müssen sie für die Lagerung mit Lautsequenzen verbunden (d.h. akustisch kodiert) werden. Die Lautsequenzen sind aber unterschiedlich in den dreitausend Sprachen der Erde. Eine universelle Verständigung ist jedoch in Lautsequenzabhängigkeit schwer zu bewerkstelligen. Moderne Kommunikationstechniken (Computer, Systeme Künstlicher Intelligenz) drängen daher nach Lautsequenzfreiheit; sie fliehen in die "Sichtikone" (Heilman 1977.315) oder in die Welt arbiträrer Viseme. Daß hierbei die herkömmliche Lautsprache als veraltet, unnütz oder gar als "Ballast" auf der Strecke bleibt, ist wohl unvermeidlich. Aus anthropologischen Perspektiven ist die Lautsprache nur eine vergängliche Kommunikationstechnik, die ihre Schuldigkeit wohl inzwischen getan hat. Ob sie bald als eine vorübergehende Phase der Humanentwicklung dastehen wird, ist eine Frage, die nicht die Sprachherkunfts-, sondern die Sprach*zukunfts*forschung zu beantworten hat. Trotz gegenteiliger Ergebnisse, die Ethologen (Lorenz, Eibl-Eibesfeldt) und Linguisten (Höpp, Chomsky) in den 60er und 70er Jahren erzielten, scheint die heutige Entwicklung der Kommunikationstechniken die These zu bestätigen, daß Denken auch *ohne* Sprache (Lautsprache) möglich ist. Denken und Räsonieren gab es *vor* der Lautsprache (s. Begriffsdruck, 3.8, S. 10 im Band II), und es wird sie auch *nach* ihr geben. Die größten Leistungen des menschlichen Geistes in der Mathematik, Physik, Chemie, Kommunikationstechnik usw. sind im wesentlichen lautsprachunabhängig erzielt worden. Die gefährdete, um nicht zu sagen: ausgediente alte Humansprache mahnt uns in besonderem Maße, über ihre Herkunft nachzudenken.

Da der I. Band in deutscher Sprache erschienen ist, sah ich es als geboten an, auch den zweiten Teil in dieser Sprache abzufassen. Da der Publikationsraum beschränkt war, ist eine komprimierte Ausdrucksweise verwendet worden, die bearbeitete Literatur kam so oft nur durch Hinweise und nicht durch Referate oder Zitate zum Vorschein. Griechische und japanische Ausdrücke, die in diesem II. Band in größerer Zahl erscheinen (insbesondere als grammatische Termini), wurden nach den üblichen Transkriptionsregeln ausnahmslos latinisiert, allerdings mit dem Unterschied, daß Akzent- und sonstige Nebenzeichen weggelassen worden sind.

Deutsche Sprachassistenz stand mir in Amerika nicht zur Verfügung. "Hier und dort eingeschlichene Sprach- oder Schreibfehler, Provinzialausdrücke wird der billige Leser dem Verfasser, der eben keinen Anspruch auf eine ganz reine hochdeutsche Mundart macht...zugute halten, und sich damit begnügen, die Sache verstanden zu haben" (Kempelen 1791. Vorerinnerung, letzte Seite. Vollständiger Titel des Buches im Band I, S. 85). Diesen Satz zitiere ich hier mit dem gebotenen Respekt vor dem Deutsch meines Landsmanns, der die Grundlagen der modernen phonetischen Wissenschaften legte, und der als "k.k. wirklicher Hofrath" aus Ungarn in den 80er Jahren des 18. Jh.s in der Kaiserstadt Wien gewiß ein innigeres Verhältnis zur deutschen Sprache zu entwickeln vermochte als in

Bloomington, Indiana, im Dezember 1980   der Autor.

Literatur und Abkürzungen

Akhmanova 1966 (O.S.):   Slovař lingvisticheskikh terminov. Moskva: Izdatel'stvo Sovetskaja enciklopedija

Adkins 1970 (A.W.H.):   From the Many to the One. London: Constable

AHD   American Heritage Dictionary

Alberts 1980 (Jeffrey):   Mündliche Information meines Kollegen von der Psychologie, Indiana University, Mai 1980

Antes 1976 (Peter):   "Neochinesisch": Bildsymbole zur Verständigung in Europa. Frankfurter Hefte 31. Heft 9. 41-44

Arens 1969 (Hans):   Sprachwissenschaft. Der Gang ihrer Entwicklung von der Antike bis zur Gegenwart. Frankfurt/M.: Athenäum Fischer Taschenbuch Verlag

Austerlitz 1980 (Robert):   Szabad gondolattársítások általában az ismétlődésről avagy Repetitio Matrix Studiosa [Freie Assoziationen im allgemeinen über die Wiederholung oder Repetitio Matrix Studiosa]. In: Ismétlődés a művészetben [Wiederholung in der Kunst]. Hgb. von Iván Horváth und András Veres. Budapest: Akadémiai Kiadó. Opus-Irodalomelméleti Tanulmányok 5.

Balázs 1973 (János):   Über die Funktionswerte der Pronomanilität. Budapest: Akadémiai Kiadó

Barlow 1977 (W. George):   Modal Action Patterns. In: Sebeok 1977.98-134

Bausani 1970 (Alessandro):   Geheim- und Universalsprachen. Stuttgart-Berlin-Köln-Mainz: Kohlhammer

Benkő 1970 (Loránd):   Zur Frage der uralischen Nomenverba im Lichte der ungarischen Sprachgeschichte. Symposion über Syntax der uralischen Sprachen. Hgb. von W. Schlachter, Phil-Hist. Kl. 3. Folge Nr. 76, pp. 36-49. Göttingen: Vandenhoeck & Ruprecht

Berlin & Kay 1970:   Berlin, Brent and Kay, Paul: Basic Color Terms: Their Universality and Evolution. Berkeley: University of California Press

Brooke-Rose 1958 (Cristine):   A Grammar of Metaphor. London: Secker & Warburg

Busnel 1977 (René-Guy):   Acoustic Communication. In: Sebeok 1977.231-262

Coseriu 1968 (Eugenio):   Einführung in die strukturelle Linguistik. Tübingen o.J. (ca. 1968). Romanisches Seminar der Universität

Décsy 1964 (Gyula):   Methoden und Erfahrungen im Ungarischunterricht an deutschen Universitäten. In: UAJb 35(1964)

Décsy 1964 (Gyula):   Einführung in die finnisch-ugrische Sprachwissenschaft. Wiesbaden: Otto Harrassowitz

Décsy 1965.1 (Gyula): Yurak Chestomathy. Bloomington—The Hague: Indiana University & Mouton. UAS 50

Décsy 1970 (Gyula): Das Existenzverb in den prädikativen Fügungen der finnisch-ugrischen Sprachen. In: UAJb 42.18-32

Décsy 1973 (Gyula): Die linguistische Struktur Europas. Wiesbaden: Otto Harrassowitz

Décsy 1979 (Gyula): Kukko kiekuu and käki kukkuu. Studies in Diachronic, Synchronic, and Typological Linguistics. Festschrift for Oswald Szemerényi on the Occasion of his 65th Birthday. Amsterdam: John Benjamins B.V. pp. 235-238

Décsy 1980 (Gyula): Neue Aspekte zum Sprachverhältnis Uralisch-Indogermanisch. In: UAJb 52.11-20

Dombi 1974 (Erzsébet P.): Öt érzék ezer muzsikája. A szinesztézia a Nyugat lírájában [Tausend Musikstücke der fünf Sinnbereiche. Die Synästhesie in der Lyrik der Zeitschrift Nyugat]. Bucharest: Kriterion. Vgl. UAJb 51.133 ff.

Eco 1976 (Umberto): A Theory of Semiotics. Bloomington & London: Indiana University Press

Eibl-Eibesfeldt 1967 (Irenäus): Grundriß der vergleichenden Verhaltensforschung. Ethologie. München: R. Piper & Co.

Eibl-Eibesfeldt 1976 (Irenäus): Liebe und Hass. Zur Naturgeschichte elementarer Verhaltensweisen. München: R. Piper & Co.

Fazekas 1954 (Jenő): Zur Frage der menschlichen Ursprache. UAJb 26.4-36

Fink 1957 (Eugen): Zur ontologischen Frühgeschichte von Raum-Zeit-Bewegung. Den Haag: Martinus Nijhoff

Fleming 1974 (Dudney Joyse): The State of the Apes. Psychology Today, January 1974. (Ein augezeichneter Bericht über die Ergebnisse der Projekte in Amerika, im Rahmen deren Affen Humansprachkenntnisse beigebracht werden sollten.)

Fónagy 1963 (Ivan): Die Metaphern in der Phonetik. Ein Beitrag zur Entwicklungsgeschichte des wissenschaftlichen Denkens. The Hague: Mouton & Co. Janua Linguarum, Series Minor 25

Freytag 1977 (Günther E.): Vom Wasser- zum Landleben. Leipzig-Jena-Berlin: Urania Verlag

Fromm-Sadeniemi 1956 Fromm, Hans & Sadeniemi, Matti: Finnisches Elementarbuch. I. Grammatik. Heidelberg: Carl Winter Universitätsbuchhandlung

Gadamer 1968 (Hans-Georg): Um die Begriffswelt der Vorsokratiker. Darmstadt: Wissenschaftliche Buchgesellschaft

Geldard 1977 (Frank A.): Tactile Communication. In: Sebeok 1977.211-232

Gombocz 1922 (Zoltán):   Nyelvtörténeti módszertan [Sprachgeschichtliche Methode]. A Magyar Nyelvtudomány Kézikönyve [Handbuch der ungarischen Sprachwissenschaft]. Akadémiai Kiadó

Haarmann 1970 (Harald):   Die indirekte Erlebnisform als grammatische Kategorie. Eine eurasische Isoglosse. Wiesbaden: Otto Harrassowitz

Hailman 1977 (Jack P.):   Optical Signals. Animal Communication and Light. Bloomington & London: Indiana University Press

Hakulinen 1960 (Lauri):   Handbuch der finnischen Sprache II. Wiesbaden: Otto Harrassowitz

Hartshorne 1973 (Charles):   Born to Sing. An Interpretation and World Survey of Bird Song. Bloomington & London: Indiana University Press

Höpp 1970 (Gerhard):   Evolution der Sprache und Vernunft. Berlin-Heidelberg-New York: Springer Verlag

Hofmann 1966 (Johann B.):   Etymologisches Wörterbuch des Griechischen. München: R. Oldenbourg Verlag

Illies 1975 (Joachim):   Biologie und Menschenbild. Freiburg/Br.: Herder Verlag

Jakobson 1979 (Roman):   Jakobson, Roman; & Waugh, Linda R.: The Sound Shape of Language. Bloomington & London: Indiana University Press

Jaynes 1976 (Julian):   The Origin of Consciousness in the Breakdown of the Bicameral Mind. Boston: Houghton Mifflin Co.

Jennings 1976 (H.S.):   Behavior of the Lower Organisms. Bloomington & London: Indiana University Press

Kähler 1956 (Hans):   Grammatik des Bahasa Indonesia. Wiesbaden: Otto Harrassowitz

Kloesel 1977 (Christian):   Mündliche Mitteilungen im Jahr 1977, Pierce Edition Project, Indianapolis

Knobloch (Johann):   Sprachwissenschaftliches Wörterbuch. Heidelberg: Carl Winter Universitätsverlag, seit 1961 (benutzt bis S. 560)

Kotelovyj 1973 (N.Z.):   & Sorokin, Ju.S.: Novyje slova i znachenija. Moskva: Izdatel'stvo Sovetskaja enciklopedija

Kovács 1957 (Ferenc):   The Verb ponat' ~ ponimat' 'verstehen, begreifen' and Some of its Synonyms in the Russian Language. Studia Slavica Hung. 3.207-221

Lange 1971 (Roland A.):   201 Japanese Verbs. Woodbury: Barron's Education Series

Lassen 1978 (Niels A.):   Ingvar, David H. and Skonhøj, Erik: Brain Function and Blood Flow. Scientific American. October 1978.62-71

Lewin 1959 (Bruno):   Abriß der japanischen Grammatik. Wiesbaden: Otto Harrassowitz

76   LITERATUR UND ABKÜRZUNGEN

Lieberman 1977 (Paul): The Phylogeny of Language. In: Sebeok 1977.3-25

Liebrucks 1964 (Bruno): Sprache und Bewußtsein. I. Einleitung. Spannweite des Problems. Frankfurt/M.: Akademische Verlagsgesellschaft

Long 1980 (Mary): Ritual and Deceit. Science Digest 1980. November/December, p. 87 ff.

Lorenz 1966 (Konrad): Über tierisches und menschliches Verhalten I-II. München: Piper & Co.

Lotz 1939 (János): Das ungarische Sprachsystem. Stockholm: Ungarisches Institut

LR: A magyar szókészlet finnugor elemei. Etimológiai szótár. [Finnisch-Ugrische Elemente des ungarischen Wortbestandes]. Hbg. von György Lakó und Károly Rédei. Budapest: I-III. 1967-1978. Akadémiai Kiadó (s. UAJb 52.151)

Lukas 1905 (Franz): Psychologie der niedersten Tiere. Wien und Leipzig: Wilhelm Braumüller K.u.K. Hof- und Universitätsbuchhändler

Lytkin 1955 (V.I.): Sovermennyj komi jazyk. Syktyvkar: Komi knižnoe izdatel'stvo

Majtinskaja 1969 (K.E.): Mestoimenija v jazykakh raznykh sistem [Pronomina in Sprachen unterschiedlicher Systeme] Moskva: Izadel'stvo Nauka

Marler 1977 (Peter): The Evolution of Communication. In: Sebeok 1977.45-70

Marler-Teneza 1977: Marler, Peter & Teneza, Richard: Signaling Behavior of Apes with Special Reference to Vocalization. In: Sebeok 1977.965-1033

Muller 1975 (Herbert J.): The Children of Frankenstein. A Primer on Modern Technology and Human Values. Bloomington & London: Indiana University Press

Nassau 1980 (Kurt): The Causes of Color. Scientific American. October 1980, pp. 124-154

Nyikos 1977 (Julius S.): Mündliche Mitteilung von Professor Nyikos, Washington and Jefferson College, Washington, Pennsylvania

Ornstein 1977 (Robert E.): The Psychology of Consciousness. Middlesex-New York-Ringwood-Ontario-Auckland: Penguin Books

Palmer 1976 (F.R.): Semantics: A New Outline. Cambridge-New York-Melbourne: Cambridge University Press

Panati 1980 (Charles): Breakthrough. Boston: Houghton-Mifflin

Paul 1960 (Hermann): Prinzipien der Sprachgeschichte. 6. unveränderte Auflage. Tübingen: Max Niemeyer

Révész 1946 (Géza): Ursprung und Vorgeschichte der Sprache. Bern: A. Francke AG. Verlag

Rosenkranz 1971 (Bernhard):   Der Ursprung der Sprache. Ein linguistisch-anthropologischer Versuch. Heidelberg: Carl Winter Universitätsverlag

Rossi 1962 (Eduard):   Die Entstehung der Sprache und des menschlichen Geistes. Basel & München: Ernst Reinhardt Verlag

Rougemont 1966 (Denis):   Die Liebe und Abendland. Köln & Berlin: Kiepenhauer & Witsch

Sacks 1979 (Sheldon):   On Metaphor. Chicago: The University of Chicago Press

Sagan 1977 (Carl):   Broca's Brain. New York: Random House

Sagan 1979 (Carl):   The Dragons of Eden. New York: Random House

Sebeok 1976 (Thomas A.):   Contributions to the Doctrine of Signs. Bloomington & Lisse: Indiana University and the Peter de Ridder Press

Sebeok 1977 (Thomas A.):   (Ed.) How Animals Communicate. Bloomington & London: Indiana University Press

Sebeok 1977.1 (Thomas A.):   Zoosemiotic Components of Human Communication. In: Sebeok 1977.1055-1077

Sebeok 1979   Thomas A. and Jean Umiker-Sebeok: Performing Animals: Secrets of the Trade. Psychology Today, November 1979.78

Semiotic Scene   Bulletin of the Semiotic Society of America. Seit 1977

Shorey 1977 (Harry H.):   Pheromones. In: Sebeok 1977.137-163

Sklar 1974 (Lawrence):   Space, Time, and Spacetime. Berkeley-Los Angeles-London: University of California Press

Smith 1977 (John W.):   Communication in Birds. In: Sebeok 1977.545-574

Snell 1962 (Bruno):   Die alten Griechen und wir. Göttingen: Vandenhoeck & Ruprecht

Snell 1975 (Bruno):   Die Entdeckung des Geistes. Studien zur Entstehung des europäischen Denkens bei den Griechen. Göttingen: Vandenhoeck & Ruprecht

Strong 1979 (P.):   Electroencephalography. Mind/Body Integration. Essential Readings in Biofeedback. Ed. by Erik Peper, Sonia Ancoli & Michele Quinn. New York & London: Plenum Press, pp. 283-287

Szenczi-Molnár 1610 (A.):   Nova Grammatica Ungarica. With an Introduction by Gyula Décsy. Bloomington & The Hague: Indiana University & Mouton. UAS 98

Terrace 1980 (H.S.):   How Nim Cimpsky Changed My Mind. Psychology Today. November 1979.65 ff.

UAJb   Ural-Altaische Jahrbücher. Zeitschrift, seit 1921

UAS   Ural-Altaic Series. Seit 1960

Uhlig 1883 (Gustavus):   Dionysii Thracis Ars Grammatica. Lipsiae (Leipzig): In Aedibus
                             B.G. Tuebneri

Vasmer RussEtWb   Vasmer, Max: Russisches etymologisches Wörterbuch. I-III.
                             Heidelberg: Carl Winter Universitätsverlag 1953-1958

Velten 1935 (H.V.):   Sprachliche Analyse und Synthese. Indogermanische For-
                             schungen 53.1-21

Vhael 1733 (Bertholdus):   Grammatica Fennica. Aboae: Excud. Johan Kiämpe

Wahrig 1972 (Gerhard):   Deutsches Wörterbuch. Gütersloh-Berlin-München-Wien: Ber-
                             telsmann Lexikon-Verlag

Weygoldt 1977 (Peter):   Communication in Crustaceans and Arachnids. In: Sebeok
                             1977.303-333

Wendorff 1980 (Rudolf):   Zeit und Kultur. Geschichte des Zeitbewußtseins in Europa.
                             Wiesbaden: Westdeutscher Verlag

Whitney 1960 (William Dwight): Sanskrit Grammar. Cambridge, Mass. & London: Harvard
                             University Press & Oxford University Press

Wichmann-Fuchs 1954   Wichmann, Yrjö & Fuchs, David Raphael: Wotjakische
                             Chrestomathie mit Glossar. Helsinki: Finnisch-Ugrische Gesell-
                             schaft

Wilson 1975 (Edward O.):   Sociobiology. The New Synthesis. Cambridge, Mass.: The
                             Belknap Press of Harvard University Press

Wölfel 1955 (Dominik, Josef): Eurafrikanische Wortschichten als Kulturgeschichten. Salaman-
                             ca: Universidad de Salamanca

Wundt 1921 (Wilhelm):   Völkerpsychologie. Eine Untersuchung der Entwicklungsgesetze
                             von Sprache, Mythus und Sitte. 1:1 Die Sprache. Stuttgart:
                             Alfred Kröner Verlag (4. Auflage)

Wundt 1922 (Wilhelm):   Dasselbe 1:2

Wurm 1972 (S.A.):   Languages of Australia and Tasmania. The Hague & Paris:
                             Mouton

Zundel 1979 (Walter):   Stimmgreifen, Mundgreifen, Handgreifen. Stuttgart: Selbstverlag

Gyula Décsy

DIE LINGUISTISCHE STRUKTUR EUROPAS

1973. 300 pp. ISBN 3-447-01-4776

Aus der Fachkritik

A mine of reference-material

> Robert A. Hall, *Language*

Überall spürt man sorgfältige Detailforschung, an keiner Stelle werden Banalitäten mitgeteilt

> Alfred Bammesberger, *Germanistik*

Essentially humanistic work

> Richard A. Wood, *Language Sciences*

The work ... is of high value to scholars in the fields of linguistics, history, social science, psychology, and political science, and also to persons active in politics or working for various government agencies, and to educated general readers

> Nicholas Poppe, *Finnisch-Ugrische Forschungen*

Faszinierend interessante Lektüre, eine richtungsweisend umfassende, allgemein verständliche Synthese der Sprachsoziologie. Komprimiert gibt der Verf. einen Wissenstoff immensen Ausmaßes in klarer Anordnung sowohl im Theoretischen als auch in praktischer Anwendung ... Ein häufig benutztes Handbuch, Ausgangspunkt weiterführender Forschungen.

> Béla Kálmán, *Magyar Nyelv*

GYULA DÉCSY

Einführung in die finnisch-ugrische Sprachwissenschaft. 1965. XVI + 251 Seiten mit 20 Textabbildungen (ISBN 3 447 00248 4). 48,— DM

ANNEMARIE V. GABAIN

Alttürkische Grammatik. 3. Auflage. 1947. XXIV + 339 Seiten mit mehreren Faksimiles, Tabellen und 1 Karte (ISBN 3 447 01514 4), Porta Linguarum Orientalium XV. 58,— DM

OTTO HARRASSOWITZ · WIESBADEN

ARCADIA BIBLIOGRAPHICA VIRORUM ERUDITORUM

ISSN 0195-7163

Fasciculus 1   *Karl Heinrich Menges Bibliographie.* Compiled by Steven E. Hegaard. 1979. 57 pp. ISBN 3-447-01835/6   DM 36,—

Fasciculus 2   *Alo Raun Bibliography.* Compiled by Gustav Bayerle. 1980. 29 pp. ISBN 0-931922-02-X. DM 36,—

Fasciculus 3   *Erich Kunze Bibliographie.* Zusammengestellt von Gyula Décsy. 1980. 33 pp. ISBN 0-931922-07-0. DM 36,—

Fasciculus 4   *Felix Johannes Oinas Bibliography.* Compiled by R.F. Feldstein. 1981. 51 pp. ISBN 0-931922-03-8. DM 36,—

E.J. Brill GMBH
Antwerpener Str. 6-12
D 5000 Köln
GERMANY

BIBLIOTHECA NOSTRATICA

ISSN 0342-4871

Editor: Gyula Décsy

Volumen 1   Eurasia Nostratica. I-II. Festschrift für Karl Heinrich Menges. 1977. XIII + 216 + 257 pp. ISBN 3-447-01834/8. 174.—DM

Volumen 2:1   Gyula Décsy: Sprachherkunftsforschung. Band I: Einleitung und Phonogenese/Paläophonetik, 1977. 88 pp. ISBN 3-447-01861-5. 42.—DM

Volumen 2:2   Gyula Décsy: Sprachherkunftsforschung. Band II: Semogenese/Paläosemiotik, 1981. 78 pp. ISBN 0-931922-06-2. 42.—DM

Volumen 3   Karl August Wittfogel: China und die osteurasische Kavallerie-Revolution. 1978. 72 pp. ISBN 3-447-01924-7. 42.—DM

Volumen 4   Wilhelm Pröhle: Vergleichende Syntax der ural-altaischen (turanischen) Sprachen. 1978. ISBN 3-447-02003-2. 132.—DM

Volumen 5   Robert Austerlitz and Gyula Décsy (Ed.): Global Linguistic Connections. In preparation.

Distributed by:
Eurolingua, P.O. Box 101
Bloomington, IN 47402 USA